Martina Neubauer

Medizinisch-naturwissenschaftliche, juristische und ethische Aspekte der Präimplantationsdiagnostik

D1619316

IGEL Verlag

Neubauer, Martina

**Medizinisch-naturwissenschaftliche, juristische und ethische
Aspekte der Präimplantationsdiagnostik**

1. Auflage 2009 | ISBN: 978-3-86815-169-5

© IGEL Verlag GmbH , 2009. Alle Rechte vorbehalten.

Die Deutsche Bibliothek verzeichnet diesen Titel in der Deutschen Nationalbibliografie.
Bibliografische Daten sind unter http://dnb.ddb.de verfügbar.

IGEL Verlag

Inhaltsverzeichnis

III

Abkürzungsverzeichnis

Abs.	Absatz
Art.	Artikel
BÄK	Bundesärztekammer
CGH	vergleichende Genom-Hybridisierung
DNA	Desoxyribonukleinsäure
etc.	und so weiter
EK	Enquete-Kommission
ESchG	Embryonenschutzgesetz
FISH	Fluoreszenz-in-situ-Hybridisierung
GG	Grundgesetz
ICSI	Intrazytoplasmatische Spermieninjektion
IVF	In-vitro-Fertilisation
NER	Nationaler Ethikrat
OHSS	ovarielles Hyperstimulationssyndrom
PCR	Polymerase-Kettenreaktion
PID	Präimplantationsdiagnostik
PND	Pränataldiagnostik
StGB	Strafgesetzbuch
v.a.	vor allem

Abbildungsverzeichnis

Tabellenverzeichnis

1 Einleitung

„Kinder ohne Fehler?" Die Präimplantationsdiagnostik macht es möglich!

Die vorliegende Arbeit setzt sich mit den medizinisch-naturwissen-schaftlichen, rechtlichen und ethischen Aspekten der Präimplantationsdi-agnostik (PID) auseinander. Mit diesem Verfahren steht seit Ende der achtziger Jahre eine weitere Technik vorgeburtlicher Diagnostik zur Ver-fügung. Während die Pränataldiagnostik (PND) mittlerweile zum Routi-neangebot bei der Schwangerschaftsvorsorge geworden ist, wird über die Zulassung der PID äußerst kontrovers diskutiert.

Mit Hilfe der PID können frühe Embryonen, die durch künstliche Befruch-tung erzeugt wurden, bereits vor der Übertragung in den Mutterleib ge-netisch untersucht werden. Anders als bei der PND lassen sich daher ge-netische Belastungen schon vor der Etablierung einer Schwangerschaft feststellen. Die PID verspricht daher, eine Alternative zur PND zu sein, da mit Hilfe dieses Verfahrens die für die Frau psychisch und physisch belas-tenden Schwangerschaftsabbrüche verhindert werden könnten.

Bei dieser Technik werden extrakorporal erzeugten Embryonen – meist im 6- bis 10-Zell-Stadium – ein bis zwei Zellen entnommen und genetisch untersucht. Diejenigen Embryonen, die keinen genetischen 'Defekt' auf-weisen, werden in den Mutterleib übertragen. Genetisch belastete Emb-ryonen werden verworfen. Im Gegensatz zur PND geht es daher bei der PID nicht um die Frage der Fortführung einer bestehenden Schwanger-schaft. Es erfolgt vielmehr eine Selektion unter mehreren extrakorporal erzeugten Embryonen. Dabei werden diejenigen Embryonen vernichtet, die die gewünschten Merkmale nicht aufweisen.

In einigen europäischen und außereuropäischen Ländern wird die PID be-reits praktiziert. In Deutschland wird jedoch mehrheitlich die Auffassung vertreten, dass die PID aufgrund der Unverträglichkeit mit dem deut-schen Embryonenschutzgesetz (ESchG) verboten ist. Dieses Verfahren ist also hierzulande äußerst umstritten, nicht zuletzt auch aufgrund der Er-fahrungen aus der deutschen Geschichte.

Befürworter sehen in der PID lediglich eine zeitlich vorgelagerte PND und befürchten keine weitreichenden Konsequenzen für die Gesellschaft mit der Zulassung dieses Verfahrens. Gegner betrachten die PID hingegen als „Türöffnertechnik" für die verbrauchende Embryonenforschung und Keimbahntherapie. Weiterhin befürchten sie aufgrund der Auswahl früher

Embryonen einen Einstieg in eine echte Eugenik. Immer wieder ist beispielsweise von „Kindern nach Maß" oder „Designer-Babys" die Rede. Nicht zuletzt wird die PID auch aufgrund der Notwendigkeit der In-vitro-Fertilisiation (IVF) kritisch betrachtet, da die extrakorporale Befruchtung für die Frau physisch und psychisch sehr belastend ist.

Mit der hier vorliegenden Studie widmet sich die Autorin der Betrachtung des Verfahrens der PID aus verschiedenen Blickwinkeln, um auf diese Weise möglichst viele Aspekte der Debatte zu beleuchten sowie einen weitreichenden Überblick über die Problematik zu geben. Umfassende Informationen sind unerlässlich für die Auseinandersetzung mit dieser Thematik.

Die Autorin hofft, dass die vorliegende Studie einige Anregungen für den Umgang mit dieser modernen vorgeburtlichen Diagnostikmethode liefern kann und etwas zur Diskussion über die Zulässigkeit dieses Verfahrens beiträgt.

2 Medizinisch-naturwissenschaftliche Grundlagen

Zum besseren Verständnis der juristischen und ethischen Problematik soll zunächst auf die medizinisch-naturwissenschaftlichen Grundlagen der Präimplantationsdiagnostik (nachfolgend abgekürzt mit: PID) eingegangen werden.

2.1 Erkenntnisse der Humanembryologie

Die Kenntnis der Embryonalentwicklung bis zur erfolgreichen Einnistung des Embryos in die Gebärmutter ist hilfreich, um den Ablauf der PID besser zu verstehen. Zudem kann die juristische und ethische Diskussion leichter erfasst werden. Ein Grundverständnis über die frühe Embryogenese des Menschen ist auch notwendig, um die Debatte des moralischen Status des Embryos besser nachvollziehen zu können. Des Weiteren steht im Mittelpunkt der Diskussion die Frage nach der Totipotenz der biopsierten Embryonalzellen, da eine Entnahme von totipotenten Zellen nach dem deutschen Embryonenschutzgesetz (nachfolgend abgekürzt mit: ESchG) derzeit verboten ist. Näheres zu den einzelnen Diskussionspunkten findet sich im juristischen und ethischen Teil der Studie.

2.1.1 Überblick über die frühe Embryonalentwicklung

Die erste Woche der Embryonalentwicklung dauert sechs Tage und reicht vom Eisprung (Ovulation) in den beiden Eierstöcken (Ovarien) bis zur Einnistung (Implantation oder Nidation) des Embryos in die Gebärmutter (vgl. Drews 1993, 50). Eine Übersicht über die ersten Phasen der Embryonalentwicklung bis zur Implantation findet sich in Abbildung 1.

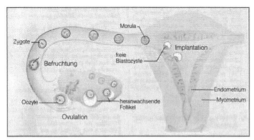

Abbildung 1: *Von der Ovulation bis zur Einnistung des Embryos in die Gebärmutter*

(Quelle: Drews, Taschenatlas der Embryologie 1993, 51)

Jeder Eierstock enthält zahlreiche Follikel. Ab der Pubertät reift in jedem Menstruationszyklus der Frau ein Follikel heran und entlässt die Eizelle (Oozyte) in den Eileiter (Tube). Diesen Vorgang des Eisprungs nennt man Ovulation. Durch Kontraktionen der Tubenmuskulatur und mit Hilfe eines Filmmerepithels werden die Eizellen (und später auch der Embryo) in Richtung Gebärmutter transportiert (vgl. Faller/Schünke 1999, 493). Die Befruchtung erfolgt durch die Aufnahme des Spermiums in die Eizelle. Sobald das Spermium in die Eizelle eingedrungen ist, wird die Eihülle (Zona pellucida) für weitere Spermien undurchlässig (vgl. ebd., 509).

Die haploiden Zellkerne beider Zellen entwickeln sich anschließend zu den so genannten männlichen und weiblichen Vorkernen *(Vorkernstadium)* und liegen im Zytoplasma der Eizelle nebeneinander vor. Anschließend verdoppelt sich der Chromosomensatz der beiden Vorkerne, ihre Kernmembranen lösen sich auf *(Kernverschmelzung)* und die Chromosomen ordnen sich auf einer gemeinsamen Teilungsspindel an (vgl. Drews 1993, 50). Nach dem ESchG beginnt mit der *Kernverschmelzung* die Schutzwürdigkeit des Embryos (vgl. ESchG § 8 Abs.1). Nähere Ausführungen hierzu finden sich im juristischen Teil der Studie, sowie in den Ausführungen unter 2.1.2 („Zur Totipotenz der embryonalen Zellen").

Eine „Verschmelzung" der beiden Vorkerne findet jedoch nicht statt. Vielmehr lösen sich die aneinander liegenden Kernmembranen der Vorkerne auf und die mütterlichen und väterlichen Chromosomen ordnen sich auf dem Spindelapparat in der Äquatorialebene an (vgl. Beier 2002, 352). Unmittelbar danach findet die Zellteilung statt. Erst dann ist die Vereinigung des mütterlichen und väterlichen Erbmaterials abgeschlossen (vgl. Campbell 2000, 1055).

Etwa 24 Stunden nach der Befruchtung fängt die Zygote an, sich zu teilen – diesen Vorgang nennt man Furchung (vgl. ebd., 1040). Diese besondere Form der Zellteilung (Furchungsteilung) untergliedert den Keim in zahlreiche Zellen (Blastomeren genannt), wobei die Gesamtmasse des Embryos erhalten bleibt. Mit jeder Teilung werden die Zellen immer kleiner. Aus der ersten mitotischen Zellteilung gehen zwei Tochterzellen hervor (2-Zell-Stadium). Während des Transportes durch den Eileiter zur Gebärmutter setzen sich die Furchungsteilungen fort (vgl. Drews 1993, 50-51; Faller/Schünke 1999, 506-13; Campbell 2000,1039-40; Beier 2002, 352-54). Ein Überblick über die frühen Furchungsstadien liefert Abbildung 2 auf der folgenden Seite.

Der Embryo befindet sich ungefähr im 16-Zell-Stadium (auch Morula genannt), wenn er drei bis vier Tage nach der Befruchtung die Gebärmutter erreicht. Ab diesem Zeitpunkt beginnen sich die Zellen zu differenzieren und verlieren ihre Totipotenz (vgl.ebd.), d.h. die Fähigkeit, sich zu einem vollständigen Individuum zu entwickeln (vgl. Springer Lexikon Medizin 2004, 1139). Nähere Erläuterungen zur Totipotenz, v.a. für die Bedeutung der PID, vgl. die Ausführungen unter 2.1.2 („Zur Totipotenz der embryonalen Zellen"), sowie im juristischen und ethischen Teil der Studie.

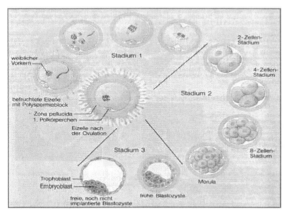

Abbildung 2:   *Frühe Stadien der Embryonalentwicklung*

(Quelle: Drews, Taschenatlas der Embryologie 1993, 51)

Mit der fünften Furchungsteilung, vier bis fünf Tage nach der Befruchtung, hat sich eine Hohlkugel gebildet, die Blastozyste. Die Zellen umschließen einen flüssigkeitsgefüllten Hohlraum. Die äußeren Zellen werden Trophoblastzellen genannt. Aus ihnen entwickelt sich später die Plazenta. Eine innere Zellansammlung, die Embryoblastzellen, bildet im Laufe der Entwicklung den eigentlichen Embryo. Etwa sechs Tage nach der Befruchtung „schlüpft" der Embryo aus seiner Eihülle und beginnt mit der Einnistung in die Gebärmutterschleimhaut (vgl. Drews 1993, 50-51; Faller/Schünke 1999, 506-13; Campbell 2000,1039-40; Beier 2002, 352-54).

2.1.2   Zur Totipotenz der embryonalen Zellen

Totipotente Zellen haben die Fähigkeit, sich zu einem vollständigen Organismus zu entwickeln (vgl. Springer Lexikon Medizin 2004, 1139). Im Gegensatz dazu haben pluripotente Zellen diese Eigenschaft verloren. Sie können sich zwar noch in verschiedene Zelltypen differenzieren, jedoch nicht mehr zu einem ganzen Individuum heranreifen (vgl. Beier 2002, 357).

Der Begriff der Totipotenz kann nach dem Embryologen Beier (1999, 24) auf unterschiedliche Kompartimente bzw. auf unterschiedliche zellbiologische oder histologische Einheiten bezogen werden. Er unterscheidet je nach Fragestellung zwischen der Totipotenz eines Zellkerns, der Totipotenz einer Zelle, sowie der Totipotenz eines umschriebenen Gewebeverbandes. Im Zusammenhang mit der PID ist jedoch ausschließlich die Totipotenz der Embryonalzellen von Bedeutung (vgl. dazu auch die Ausführungen unter 2.2 „Darstellung der Methoden der PID").

Zur Durchführung der PID ist die Entnahme einer oder zweier embryonaler Zellen erforderlich. Bei der Untersuchung des Erbmaterials werden die entnommenen Zellen unvermeidlich zerstört (vgl. NER 2003, 80).

Handelt es sich dabei um totipotente Zellen, verbietet das ESchG die Diagnostik an diesen Zellen (vgl. Mieth 2002, 164-65). Nach § 8 Abs.1 ESchG gilt „bereits die befruchtete, entwicklungsfähige menschliche Eizelle vom Zeitpunkt der Kernverschmelzung an, ferner jede einem Embryo entnommene totipotente Zelle, die sich bei Vorliegen der dafür erforderlichen weiteren Voraussetzungen zu teilen und zu einem Individuum zu entwickeln vermag", als Embryo. Die Vernichtung solcher Zellen wird also im Prinzip mit der Zerstörung eines Embryos gleichgesetzt.

Es stellt sich nun jedoch die Frage, bis zu welchem Zeitpunkt der Embryonalentwicklung die Zellen eines Embryos als totipotent einzustufen sind und in diesem Zusammenhang, ob die bei der PID entnommenen Embryonalzellen noch Totipotenz aufweisen. Der Gesetzgeber hat hier den Begriff Totipotenz eingeführt, ohne jedoch festzulegen, was dieser überhaupt genau beinhaltet und wann embryonale Zellen ihre Fähigkeit zur Totipotenz verlieren (vgl. Beier 1999, 23; Kollek 2002, 65).

Mehrere Arbeitsgruppen im Ausland, v.a. in England und den USA, beschäftigten sich mit der Forschung zur Totipotenz an embryonalen Zellen (vgl. Beier 1999, 27-32; Beier 2002, 354-55). In diesen Ländern ist, im Gegensatz zu Deutschland, verbrauchende Embryonenforschung erlaubt. Nähere Ausführungen finden sich im juristischen Teil der Studie.

Die Ergebnisse der ausländischen Studien werden dahingehend interpretiert, dass der Verlust der Totipotenz sich nicht auf einen bestimmten Zeitpunkt festlegen lässt, sondern mit der zunehmenden Aktivierung des embryonalen Genoms einhergeht (vgl. Kollek 2002, 67-69). Eine Aktivierung der Genexpression wird zwischen dem 4- und 8-Zell-Stadium beobachtet (vgl. Rager 1998, 70-72). Daraus folgt, dass embryonale Zellen im 2- und 4-Zell-Stadium noch als totipotent gelten. Im 8-Zell-Stadium hingegen weisen nicht mehr alle Zellen Totipotenz auf. Nach den vorhandenen Forschungsergebnissen ist also davon auszugehen, dass der Verlust der Totipotenz zwischen dem 6- bis 10-Zell-Stadium anzusetzen ist, d.h. mit zunehmender Differenzierung der Blastomeren in Trophoblast- und Embryoblastzellen. Spätere Entwicklungsstadien sind mit aller Wahrscheinlichkeit nicht mehr totipotent (vgl. Beier 1999, 32-33).

Bei der PID werden meist Embryonen des 6- bis 10-Zell-Stadiums zur Diagnostik herangezogen. Diese können also laut der vorhandenen Untersuchungergebnisse noch totipotent sein. Es lässt sich also für die künftige Entwicklung der PID in Deutschland festhalten, dass eine Diagnostik nach dem ESchG zulässig werden dürfte, wenn die dafür benötigten Zellen aus Embryonen entnommen werden, die deutlich mehr als acht Zellen aufweisen (z.B. Embryonen im Blastozystenstadium) (vgl. Beier 1999, 33). Nähere Erläuterungen zum Ablauf der PID werden nun im folgenden Kapitel dargestellt.

2.2 Darstellung der Methoden der PID

Wie schon in der Einleitung angesprochen, besteht das Prinzip der PID darin, krankhafte Veränderungen des Erbmaterials schon vor der Übertragung des Embryos in den Mutterleib zu erkennen und gegebenenfalls von einem Transfer auszuschließen. Die PID kann hierbei sowohl an Embryonen, als auch an Eizellen durchgeführt werden. Im Falle der Untersuchung von Eizellen spricht man genau genommen von der präkonzeptionellen Diagnostik bzw. von der Polkörperbiopsie. Auch auf diese Diagnostikmethode soll in den folgenden Ausführungen kurz eingegangen werden. Ein vergleichender Überblick über die Unterschiede von PID und PND runden das Kapitel ab.

2.2.1 Extrakorporale Befruchtung

Eine allgemeine Voraussetzung für die PID ist die Verfügbarkeit von extrakorporal vorliegenden Embryonen. Daher gehen einer PID in einem ersten Schritt immer Techniken der extrakorporalen Befruchtung, wie der In-Vitro-Fertilisation (nachfolgend abgekürzt mit: IVF) oder der Intrazytoplasmatischen Spermieninjektion (nachfolgend abgekürzt mit: ICSI) voraus. In den folgenden Ausführungen soll zuerst auf die IVF eingegangen werden.

In jedem Menstruationszyklus der Frau reift meist nur eine Eizelle heran. Das ist für eine erfolgreiche IVF zu wenig. Auch für eine effiziente PID ist es von Bedeutung, mehrere Eizellen zur Verfügung zu haben, damit nach erfolgter Biopsie und molekulargenetischer Diagnostik eine Auswahl getroffen werden kann. Mindestens sechs morphologisch intakte Eizellen sind bei einer Arbeitsgruppe aus Brüssel Voraussetzung für die Durchführung einer PID (vgl. Vandervorst 1998, 3169-76). Um daher möglichst viele reife Eizellen zu erhalten, geht der IVF eine belastende hormonelle Stimulation voraus (vgl. Steck 2001, 108). Bei der Hormonbehandlung kann es zu gefährlichen Komplikationen kommen, wie z.b. zum lebensbedrohlichen ovariellen Hyperstimulationssyndrom (OHSS) (vgl. Harper et al. 2001, 57-58). Nähere Ausführungen zu den Risiken der IVF bzw. PID finden sich unter 2.4 („Risiken und Probleme der IVF/ICSI und PID").

Anschließend erfolgt die Entnahme der reifen Eizellen mittels einer Hohlnadel unter Ultraschallbeobachtung. Diese werden in einem speziellen Nährmedium kultiviert. In einem nächsten Schritt werden die Spermien zu den gewonnenen Eizellen dazugegeben (Insemination). Etwa 15 bis 20 Stunden später findet eine Befruchtungskontrolle der Eizellen statt. Ungefähr 48 Stunden nach der Eizellentnahme haben sich dann 2- bis 8-zellige Embryonen gebildet (vgl. Steck 2001, 110-27).

Im Rahmen der PID wird die künstliche Befruchtung jedoch meist mittels ICSI erzielt. Diese Methode hat den Vorteil, dass die Gefahr einer Kontamination der Eizellen mit genetischem Material geringer ist. Dies ist vor allem von Bedeutung, wenn monogenetische Erbkrankheiten mittels Polymerase-Kettenreaktion nachgewiesen werden sollen. Spermienkontaminationen müssen hier weitgehend vermieden werden. Auch bei schweren männlichen Furchtbarkeitsstörungen ist ICSI die Therapie der Wahl (vgl. Harper et al. 2001, 131). Nähere Erläuterungen zur molekulargenetischen Diagnostik und Anwendung der PID, vgl. die Ausführungen unter 2.2.4 bzw. 2.3 („Molekulargenetische Diagnostik im Rahmen der PID" bzw. „Anwendungsgebiete der PID").

Bei der ICSI wird ein einzelnes immobilisiertes Spermium in das Zytoplasma einer Eizelle injiziert. 16 bis 18 Stunden später wird festgestellt, ob eine Befruchtung stattgefunden hat. Etwa drei Tage nach der Injektion des Spermiums lassen sich dann bei normaler Entwicklung 8-zellige Embryonen erkennen (vgl. Steck 2001, 170-83).

2.2.2 Embryobiopsie

Den im Rahmen der extrakorporalen Befruchtung gewonnenen Embryonen werden für eine nachfolgende genetische Diagnostik zuvor ein bis zwei Zellen entnommen. Erfolgt die Zellentnahme an Furchungsstadien, nennt man das Verfahren *Furchungsstadiumbiopsie* bzw. *Blastomerbiopsie*. Als Furchungsstadien bezeichnet man frühe Embryonen, bis diese etwa zehn Zellen enthalten und bevor eine Spezialisierung der Zellen eingesetzt hat (vgl. Springer Lexikon Medizin 2004, 732). Werden dagegen einem Embryo Zellen entnommen, der sich im Blastozystenstadium befindet, spricht man von der *Blastozystenbiopsie*. In diesem Stadium hat eine Differenzierung der Zellen in Trophoblastzellen und Embryoblastzellen bereits stattgefunden.

2.2.2.1 Blastomerbiopsie

Die Blastomerbiopsie erfolgt üblicherweise an Embryonen am dritten Tag nach der Befruchtung, d.h. wenn die Embryonen sich im 6- bis 10-Zell-Stadium (meist 8-Zell-Stadium) befinden. Dem Embryo können dabei ein bis zwei Zellen (Blastomeren) für die nachfolgende genetische Diagnostik entnommen werden (vgl. Harper et al. 2001, 133).

Das Prinzip der Blastomerbiopsie besteht in der Perforation der Eihaut (Zona pellucida), mit anschließender Entnahme der Zellen. Dabei wird der Embryo zuerst mittels einer Haltepipette angesaugt und so an der Pipette fixiert. Die anschließende Durchlöcherung der Zona pellucida erfolgt meist chemisch mit einer Säure (saure Tyrode-Lösung), kann aber auch mechanisch oder laserunterstützt erfolgen. Anschließend werden ein oder zwei Zellen mit einer saugenden Pipette (Aspirationspipette) angesaugt und durch die entstande Öffnung nach außen gezogen. Der Einsatz der Lasertechnik zur Öffnung der Zona Pellucida ist noch ein relativ neues Verfahren. Der Vorteil dieser Technik ist, dass das Loch in der Zona pellucida ganz exakt gesetzt werden kann (vgl. ebd., 141-50).

Der Ablauf der Blastomerbiopsie wird in Abbildung 3 zur besseren Veranschaulichung noch einmal dargestellt. Die Perforation der Zona pellucida, hier in Abbildung 3 oben dargestellt, erfolgt durch Benetzung mit saurer Tyrode-Lösung mit Hilfe einer Mikropipette. Nach Durchlöcherung der Zona pellucida erfolgt die Entnahme der Blastomeren durch Absaugen mit Hilfe einer Apsirationspipette, gezeigt in Abbildung 3 unten. Die saugende Haltepipette, die den Embryo festhält, befindet sich auf der Darstellung jeweils auf der linken Seite des Embryos.

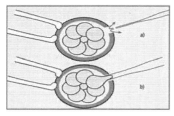

Abbildung 3:   *Perforation der Zona pellucida mit Säure und anschließende Zellentnahme durch*
Aspiration

(Quelle: Macas/Wunder, Assistierte Reproduktion 2006, 68)

Die Entnahme von zwei Zellen wird bei der Blastomerbiopsie empfohlen. Wird nur eine Zelle entnommen, kann bei der molekulargenetischen Diagnostik keine Kontrolle der Ergebnisse erfolgen. Eine Überprüfung ist jedoch wichtig, da es bei der genetischen Diagnostik immer wieder zu Fehldiagnosen kommen kann (vgl. Harper et al. 2001, 156; Steck 2001, 230-231; Kokkali et al. 2005, 1; Kokkali et al. 2007, 1444).

Bei der Biopsie wird dem Embryo allerdings bis zu einem Viertel seiner Zellmasse entzogen. Daher können zwei Zellen nur dann entnommen werden, wenn sich der Embryo mindestens im 8-Zell-Stadium befindet. Ansonsten kann es zu Entwicklungsstörungen kommen (vgl. Hardy et al. 1990, Abstract). Nähere Erläuterungen zu den Problemen der PID, vgl. auch die Ausführungen unter 2.4 („Risiken und Probleme der IVF/ICSI und PID").

2.2.2.2 Blastozystenbiopsie

Eine Zellentnahme kann auch im Blastozystenstadium, etwa fünf bis sechs Tage nach der Befruchtung, erfolgen. In diesem Stadium hat eine Spezialisierung in zwei verschiedene Zellarten (Embryoblastzellen und Trophoblastzellen) bereits stattgefunden. Embryonen im Blastozystenstadium bestehen am fünften Tag ungefähr aus 60 Zellen und am sechsten Tag schon aus etwa 80 Zellen (vgl. Harper et al. 2001, 156).

Bei dieser Technik werden dem Embryo Trophoblastzellen entnommen (vgl. Kokkali 2005, 1-4). Diese bilden später das Nährgewebe (Plazenta). Der Embryo selbst ist also von der Untersuchung nicht betroffen, was auch im Hinblick auf das Verbot der Entnahme von totipotenten Embryonalzellen von Bedeutung ist (vgl. hierzu auch 2.1.2 „Totipotenz der embryonalen Zellen", sowie den juristischen Teil der Studie).

Ein weiterer Vorteil wäre, dass dem Embryo im Blastozystenstadium mehr Zellen entnommen werden könnten (bis zu zehn Zellen), ohne dass es aufgrund des Zellverlustes zu einer Störung der Embryonalentwicklung kommt. Damit könnte sowohl die Diagnosesicherheit erhöht, als auch das diagnostische Spektrum erweitert werden (vgl. Harper et al. 2001, 156-57; Verlinsky/Kuliev 2005, 22).

Der Nachteil dieser Technik ist allerdings, dass nur wenige Embryonen das Blastozystenstadium erreichen. Eine Kultivierung in vitro bis zu diesem Stadium ist derzeit noch mit einigen Problemen verbunden und sehr aufwändig (vgl. Harper et al. 2001, 157-59; Macas/Wunder 2006, 68-69). Außerdem weisen die Zellen in diesem Stadium eine sehr geringe Größe auf und sind eng miteinander verbunden. Das macht eine Zellisolierung schwieriger, da besonders darauf geachtet werden muss, dass bei der Entnahme keine Zellen zerstört werden (vgl. Kollek 2002, 44). Diese Art der Embryobiopsie wird daher kaum praktiziert (vgl. ESHRE PGD Consortium Steering Committee 2008, 741-47).

2.2.3 Polkörperbiopsie der Eizelle

Zur genetischen Diagnostik kann auch der erste oder zweite Polkörkörper der Eizelle entnommen und anschließend untersucht werden (vgl. Harper et al. 2001, 107). Die Polkörper entstehen während der Eizellreifung (vgl. Abbildung 4).

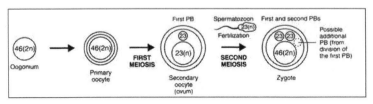

Abbildung 4: *Eizellreifung und Entstehung der Polkörperchen*

(Quelle: Harper et al., Preimplantation Genetic Diagnosis 2001, 83)

Diese beginnt bereits während der Embryonalentwicklung. So genannte Urkeimzellen teilen sich mitotisch und entwickeln sich zu diploiden Oogonien. Noch während der Embryonalentwicklung treten die Oogonien in die Prophase der ersten Reifeteilung ein und differenzieren sich damit zu primären Oozyten. Auch diese sind noch immer diploid. Die erste Reifeteilung wird anschließend in der Prophase angehalten. Die primären Oozyten verharren in einem Ruhestadium bis zum Einsatz der Pubertät. Eine primäre Oozyte reift dann pro Monat in einem der beiden Eierstöcke heran und vollendet die erste Reifeteilung. Es entstehen eine große haploide Tochterzelle, die sekundäre Oozyte und ein kleineres haploides Polkörperchen (1. Polkörper). Erst nach dem Eindringen des Spermiums findet die zweite Reifeteilung statt. Einer der beiden haploiden Chromosomensätze der Oozyte wird mit dem zweiten Polkörperchen (2. Polkörper) ausgestoßen, während die andere Hälfte des haploiden Chromosomensatzes in der Oozyte bleibt (vgl. Drews 1993, 6; Rager 1998, 64-67; Campbell 2000, 1036; Harper et al. 2001, 79-84, 107; Beier 2002, 351; Kollek 2002, 31-32; Verlinsky/Kuliev 2005, 20-21; Macas/Wunder 2006, 63-65).

Beide Polkörperchen werden zwischen der eigentlichen Eizelle und der Zona pellucida deponiert. Von dort können sie isoliert und anschließend molekulargenetisch untersucht werden (vgl. ebd.). Nach derzeitiger Kenntnis hat eine Polkörperentnahme keine Auswirkungen auf die weitere Entwicklung der Eizelle oder Embryonalentwicklung (vgl. Verlinsky et al. 1990, Abstract; Harper et al. 2001, 141; Schmidt 2003, 30). Bei der Polkörperbiopsie wird, wie schon bei der Embryobiopsie erläutert, in einem ersten Schritt die Zona pellucida perforiert (vgl. Abbildung 5 oben links). Dies kann mechanisch, chemisch oder durch einen Laser erfolgen. Anschließend wird der Polkörper durch Aspiration aus der Eizelle entfernt (vgl. Abbildung 5 oben rechts und unten, links und rechts). Fixiert wird der Embryo ebenfalls mit einer Haltepipette (vgl. Harper et al. 2001, 141-45; Macas/Wunder 2006, 63-65).

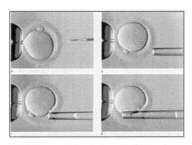

Abbildung 5: **Biopsie des 1. Polkörperchens**

(Quelle: Verlinsky/Kuliev, Atlas of Preimplantation Genetic Diagnosis 2005, 104)

Der erste Polkörper stellt eine Negativkopie des von der Mutter an den späteren Embryo weitergegebenen Erbmaterials dar. Wird etwa im ersten Polkörperchen der Frau ein krankhaft verändertes Allel gefunden, kann davon ausgegangen werden, dass der Eizellkern, der später mit dem väterlichen Kern zusammen das Erbgut des späteren Embryos bildet, das gesunde Allel enthält. Zur Bestätigung des Befundes (durch Entnahme und genetische Untersuchung des 1. Polkörperchens) kann der zweite Polkörper herangezogen werden, der eine exakte Kopie des Eizellkerns darstellt (vgl. Kollek 2002, 32). Durch die Entnahme beider Polkörperchen kann also die Diagnosesicherheit erhöht werden.

Die Polkörperchenbiopsie wurde bislang zur Diagnostik von monogenetischen Erbkrankheiten, Chromosomenaberrationen und chromosomalen Translokationen herangezogen (vgl. Harper et al. 2001, 141). Es können jedoch mit dieser Technik nur Aussagen zu Veränderungen des mütterlichen Erbmaterials getroffen werden. Väterlich vererbte Krankheiten können nicht erfasst werden. Ebenso kann mit dieser Methode keine Geschlechtsbestimmung erfolgen (vgl. ebd., 143-45). Dies ist v.a. dann von Bedeutung, wenn sich das für eine Erbkrankheit verantwortliche Gen auf den Geschlechtschromosomen befindet. Darüber hinaus können Chromosomenveränderungen, die erst nach der Bildung der Polkörperchen entstehen, von dieser Technik nicht erfasst werden (vgl. Nationaler Ethikrat 2003, 30; nachfolgend abgekürzt mit: NER).

Die Polkörperchendiagnostik hat aber auch einen Vorteil: sie wird im Gegensatz zur PID an der Eizelle durchgeführt, bevor eine Vorkernverschmelzung stattgefunden hat. Gemäß dem deutschen ESchG liegt ein Embryo erst ab dem Zeitpunkt der Kernverschmelzung vor. Die Beschränkungen des ESchG kommen also bei dieser Technik nicht zur Anwendung, da weder ein Embryo zerstört noch erzeugt wurde. Die Polkörperdiagnostik, die genau genommen als präkonzeptionelle Diagnostik bezeichnet wird, könnte also nach dem ESchG durchgeführt werden (vgl. Kollek 2002, 34; Schwinger 2003, 20).

2.2.4 Molekulargenetische Diagnostik im Rahmen der PID

Für die genetische Untersuchung der entnommenen Embryonalzellen bzw. Polkörperchen der Eizelle stehen verschiedene Verfahren zur Verfügung. Zum einen die Polymerase-Kettenreaktion (nachfolgend abgekürzt mit: PCR), mit welcher spezifische Veränderungen (Mutationen) an einzelnen Gensequenzen nachgewiesen werden können und zum anderen die Fluoreszenz-in-situ-Hybridisierung (nachfolgend abgekürzt mit: FISH), die zur Geschlechtsdetermination, sowie zum Nachweis von Chromosomenaberrationen eingesetzt wird (vgl. Harper et al. 2001, 191). Beide Methoden werden nachfolgend kurz erläutert, wobei auf die Probleme dieser Techniken im Detail später eingegangen werden soll (vgl. hierzu 2.4.2.3 „Fehldiagnosen").

2.2.4.1 Polymerase-Kettenreaktion (PCR)

Die PCR dient dem Nachweis von monogenen Erbkrankheiten. Mit ihr können spezifische Veränderungen einzelner Gene festgestellt werden (vgl. Harper et al. 2001, 191). Das Prinzip der PCR besteht in der enzymatischen Vermehrung (Amplifikation) eines bestimmten DNA-Abschnittes in vitro. Mit Hilfe der PCR können geringe Mengen einer Ziel-DNA in großen Mengen amplifiziert werden, damit zu Untersuchungszwecken genügend Genmaterial zur Verfügung steht. Voraussetzung ist jedoch, dass die Nucleotid-Sequenzen an den Enden des zu untersuchenden DNA-Abschnittes bekannt sind (vgl. Buselmaier/ Tariverdian 1999, 42).

Nach Denaturierung der DNA-Doppelstränge zu zwei Einzelsträngen durch Hitze (ca. 95° C) und anschließender Abkühlung auf etwa 50° C werden der DNA-Präparation zwei Oligonucleotid-Primer zugesetzt. Diese sind komplementär zu der Sequenz an den 3'-Enden des gewünschten DNA-Bereiches. Eine hitzestabile Taq-Polymerase synthetisiert dann bei ca. 72° C komplementäre DNA-Sequenzen in einer Primerverlängerungsreaktion. Aus einem DNA-Doppelstrang sind zwei Doppelstränge geworden. Durch vielfältige Wiederholung der Zyklen aus Denaturierung, Priming und DNA-Synthese, lässt sich eine exponentielle Vermehrung der DNA-Sequenzen erreichen und damit eine ausreichende DNA-Menge zur Untersuchung herstellen (vgl. Knippers 2001, 476; Rehm/Hammer 2001, 55; Nicholl 2002, 122-25). Mittels Gelelektrophorese wird schließlich überprüft, ob der Embryo von einem Gendefekt betroffen ist oder nicht (vgl. Macas/Wunder 2006, 73-74). Obwohl die PCR-Technik zwar ein sehr elegantes Verfahren zur Bestimmung von DNA-Veränderungen ist, weist sie jedoch auch einige Mängel auf (vgl. hierzu die Ausführungen unter 2.4.2.3 „Fehldiagnosen").

2.2.4.2 Fluoreszenz-in-situ-Hybridisierung (FISH)

Mit der FISH können einzelne Chromosomen oder Chromosomen-Fragmente sichtbar gemacht werden. Liegt eine Abweichung vom normalen Chromosomenbild vor oder hat ein Chromosomenstückaustausch (Translokation) stattgefunden, kann dies so überprüft werden. Ebenso kann die Methode zur Geschlechtsbestimmung herangezogen werden (vgl. Harper et al. 2001, 191).

Bei dieser Technik erfolgt in einem ersten Schritt die Denaturierung der DNA-Doppelstränge auf einem Objektträger. Der Vorgang der Denaturierung erfolgt bei einer Temperatur von etwa 75° C. Anschließend werden zu den fixierten Zellen DNA-Sonden zugegeben. Diese sind mit einem

Fluoreszenzfarbstoff markiert und spezifisch für ein bestimmtes Chromosom bzw. einen bestimmten Chromosomenabschnitt. Sie binden bei ca. 37° C an die homologen chromosomalen Abschnitte der zu untersuchenden DNA, die zuvor in ihre Einzelstränge aufgetrennt wurde. Man nennt diesen Vorgang *Hybridisierung*. Mit einem Fluoreszenz-Mikroskop kann nun durch die Anwesenheit von Farbsignalen nachgewiesen werden, welches Geschlecht der Embryo besitzt bzw. ob eine chromosomale Störung vorliegt. Dabei korreliert die Anzahl der Farbsignale mit der Menge der vorhandenen Chromosomen im Zellkern der Probe (vgl. Murken/Cleve 1996, 43; Harper et al. 2001, 191-92; Knippers 2001, 473; Verlinsky/Kuliev 2005, 29-40; Macas/Wunder 2006, 71).

Die Sonde des Y-Chromosoms wird meistens mit einem roten Farbstoff, die Sonde des X-Chromosoms mit einem grünen Farbstoff markiert (vgl. Macas/Wunder 2006, 71). Liegen also beide Farbsignale unter dem Fluoreszenz-Mikroskop vor, handelt es sich um einen männlichen Embryo; fehlt das rote Signal, liegt ein weiblicher Embryo vor. Über die Anzahl der Farbsignale für das Chromosom 21, kann z.B. nachgewiesen werden, ob eine Trisomie 21 (Down-Syndrom) vorliegt. Dies ist der Fall, wenn drei fluoreszierende Punkte für das Chromosom 21 vorhanden sind.

Sollen mehrere Chromosomen gleichzeitig dargestellt werden, was v.a. für altersbedingte Aneuploidien von Interesse ist, können DNA-Sonden mit verschiedenen Fluoreszenzfarbstoffen verwendet werden. Es stehen jedoch nur eine begrenzte Zahl an Farbstoffen zur Verfügung (vgl. Harper et al. 2001, 9-10, 191-94; Macas/Wunder 2006, 71).

Bei der M- (multi-fluorochrome karyotyping) FISH und SKY (spectral karyotyping) hingegen, werden 24 spezifische Hybridisierungsproben mit einer unterschiedlichen Kombination an Fluorochromen verwendet. Es können bei diesen Methoden alle Chromosomen zur selben Zeit analysiert werden (vgl. Harper et al. 2001, 193). Diese Techniken sind jedoch noch mit einigen Schwierigkeiten verbunden und werden daher noch nicht routinemäßig eingesetzt (vgl. Macas/Wunder 2006, 72).

Die FISH besitzt, wie die PCR auch, spezifische Fehlermöglichkeiten. Sie weist aber auch Vorteile gegenüber der PCR-Technik auf. Nähere Erläuterungen hierzu finden sich in den Ausführungen unter 2.4.2.3 („Fehldiagnosen").

2.2.5 Embryotransfer

Nach erfolgter genetischer Diagnostik werden nur diejenigen Embryonen in die Gebärmutter der Frau übertragen, welche einen negativen Befund aufweisen, d.h. nicht von der getesteten Krankheit betroffen sind. Die Embryonen, bei denen das unerwünschte Merkmal nachgewiesen wird, werden aussortiert und verworfen (vgl. Neuer-Miebach 1999, 126).

Um das Risiko einer Mehrlingsschwangerschaft möglichst gering zu halten, werden meist zwei Embryonen in den Mutterleib zurückgesetzt (vgl. Harper et al. 2001, 136). Nähere Erläuterungen zum höheren Mehrlingsrisiko im Rahmen eines IVF-Zyklus, vgl. die Ausführungen unter 2.4.1.2.1 („Erhöhtes Risiko einer Mehrlingsschwangerschaft durch den Transfer mehrerer Embryonen").

Die maximale Anzahl der zu transferierenden Embryonen im Rahmen eines IVF-Zyklus, sowie das weitere Schicksal der so genannten überzähligen Embryonen, ist abhängig von der jeweiligen nationalen Gesetzeslage. In Deutschland dürfen bis zu drei Embryonen in den Mutterleib zurückgesetzt werden (vgl. § 1 Abs. 1 Nr. 3 ESchG).

Sind nach der genetischen Diagnostik mehr als drei Embryonen übrig, die keine genetischen oder chromosomalen Auffälligkeiten zeigen, können diese in manchen Ländern für eine spätere Übertragung eingefroren werden. In Deutschland ist diese so genannte Kryokonservierung von Embryonen nicht erlaubt. Dem ESchG zufolge, dürfen nur so viele Embryonen erzeugt werden, wie anschließend auch übertragen werden sollen (vgl. § 1 Abs. 1 Nr. 5 ESchG). Nähere Ausführungen hierzu finden sich im rechtlichen Teil der Studie. Weitere Erläuterungen zu der Problematik der so genannten überzähligen Embryonen, siehe 2.4.1.2.3 („Ungelöste Problematik der überzähligen Embryonen"), sowie die Ausführungen im ethischen Teil der Studie.

Der Embryotransfer erfolgt im Rahmen der IVF meist am zweiten Tag nach der Eizellentnahme. Zunehmend werden auch Embryonen im Blastozystenstadium zurückgesetzt, wodurch eine höhere Implantationsrate erreicht werden soll (vgl. Steck 2001, 215-26). Wird eine PID durchgeführt, kann der Transfer meist am gleichen Tag vorgenommen werden wie die Biopsie, also am dritten Tag nach der Befruchtung; die Embryonen befinden sich dann im 6- bis 10-Zell-Stadium (vgl. Harper et al. 2001, 134). Mit Hilfe eines transzervikal eingeführten Transferkatheters werden die Embryonen unter Ultraschallkontrolle in die Gebärmutterhöhle übertragen (vgl. ebd., 74-75).

2.2.6 Pränatale Diagnostik (PND)

Bei der PID kann es immer wieder zu Fehldiagnosen kommen (vgl. 2.4.2.3). Um absolut sicher zu gehen, dass der Embryo kein Träger der gesuchten Erbkrankheit ist, wird zur Bestätigung der Diagnose meist zusätzlich noch während der Schwangerschaft eine invasive PND durchgeführt (vgl. Harper et al. 2001, 137-39). Die PND lässt sich in invasive und nicht-invasive Untersuchungsmethoden unterteilen, die nachfolgend kurz erläutert werden sollen.

2.2.6.1 Nicht-invasive Untersuchungen

Die nicht-invasiven Untersuchungen tangieren weder den Embryo, die Eihäute noch den Uterus. Zu den nicht-invasiven Methoden zählen sowohl die transvaginale, als auch die transabdominale Ultraschall-Untersuchung des Embryos. Diese wird zur Altersbestimmung, zur Beurteilung der Körperform und der Organstrukturen, sowie zur Ermittlung der Lage der Plazenta eingesetzt (vgl. Murken/Cleve 1996, 171; Buselmaier/Tariverdian 1999, 341-42). Das Ultraschall-Verfahren wird zur routinemäßigen Untersuchung dreimal innerhalb einer Schwangerschaft durchgeführt, und zwar etwa in der 10., 20. und 30. Schwangerschaftswoche (vgl. Murken/Cleve 1996, 171; Körner/Witkowski 1997, 257).

Ebenso kann auch eine Untersuchung des mütterlichen Blutes Aufschluss über mögliche Fehlbildungen des Ungeborenen geben. Lässt sich etwa eine Erhöhung des Alpha-Fetoprotein-Spiegels feststellen, kann dies auf eine Fehlentwicklung des Neuralrohrs hindeuten. Auch eine Anenzephalie (schwere Hirnfehlbildung) und ein offener Rücken kann über die Alpha-Fetoprotein-Bestimmung diagnostiziert werden. Der so genannte Triple-Test gibt Hinweise auf das Vorliegen einer kindlichen Trisomie durch die kombinierte Bestimmung des Alpha-Fetoproteins, des β-HCG (humanes Choriongonadotropin) und des Östriols im mütterlichen Serum (vgl. Murken/Cleve 1996, 171; Buselmaier/Tariverdian 1999, 341-45).

Aus dem mütterlichen Blut können auch kindliche Zellen isoliert werden, welche dann zur nachfolgenden genetischen Diagnostik zur Verfügung stehen. Die Zellen sind über die Plazentaschranke in den mütterlichen Blutkreislauf übergetreten. Diese Methode zur Gewinnung fetaler Zellen befindet sich derzeit noch in der Entwicklung, kann jedoch in absehbarer Zeit routinemäßig eingesetzt werden (vgl. Murken/Cleve 1996, 171; Buselmaier/Tariverdian 1999, 345; Kollek 2002, 19-20).

2.2.6.2 Invasive Untersuchungen

Besteht innerhalb der Schwangerschaft ein erhöhtes Risiko für eine kindliche Fehlbildung, eine Virusinfektion oder eine genetische Erkrankung können invasive Untersuchungen durchgeführt werden. Bei diesen werden auf direktem Wege, entweder transzervikal oder transabdominal, fetale Zellen, fetales Serum oder Fruchtwasser gewonnen (vgl. ebd.).

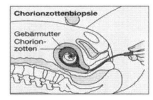 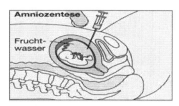

Abbildung 6: *Schematische Darstellung der Chorionzottenbiopsie und Amniozentese*
(Quelle: Weber, Biologie Oberstufe 2001, 183)

Für die Gewinnung kindlicher Zellen stehen mehrere Methoden zur Verfügung, und zwar einmal die Amniozentese (Fruchtwasserpunktion) ab der 14. Schwangerschaftswoche, sowie die Chorionzottenbiopsie ab der 10. Schwangerschaftswoche, bei welcher Chorionzellen gewonnen werden (siehe dazu auch Abbildung 6).

Auch durch die Nabelschnurpunktion können kindliche Zellen gewonnen werden. Diese wird ab der 20. Schwangerschaftswoche durchgeführt. (vgl. Murken/Cleve 1996, 171; Körner/Witkowski 1997, 257; Buselmaier/Tariverdian 1999, 341- 45; Kollek 2002, 21).

Eine Untersuchung der gewonnenen kindlichen Zellen kann, wie bei der PID auch, mit Hilfe molekulargenetischer Methoden erfolgen (vgl. die Ausführungen unter 2.2.4). Zytogenetische Untersuchungen und biochemische Tests können ebenfalls zur Diagnostik eingesetzt werden (vgl. Buselmaier/Tariverdian 1999, 347).

Bei den invasiven Methoden der PND besteht das Risiko einer durch den Engriff hervorgerufenen Fehlgeburt. Nach erfolgter Amniozentese beträgt das Abortrisiko einer Fehlgeburt etwa 0,3-1 % und nach der Chorionzottenbiopsie ca.1-2 % (vgl. Buselmaier/Tariverdian 1999, 339). Für die nicht-invasiven Methoden der PND sind keine Gefahren bekannt (vgl. NER 2003, 25).

Die häufigsten Indikationen für die PND sind Auffälligkeiten bei der Ultraschalluntersuchung, bei einem erhöhten Alter der Mutter (über 35 Jahre alt), genetische Vorbelastungen innerhalb der Familie, sowie psychische Indikationen (vgl. Körner/Witkowski 1997, 256).

Zur besseren Übersicht sind in Tabelle 1 noch einmal die wichtigsten Methoden der PND zusammengefasst (Schwangerschaftswoche wird nachfolgend abgekürzt mit: SSW):

Methode	Zeitpunkt (SSW)	Untersuchungsebenen	Ergebnisdauer
Triple-Test (Bluttest)	ca. 16.-18.	Proteine	Tage
Ultraschall	ca. 10.,20.,30.	Körperliche Merkmale	sofort
Amniozentese	ab ca. 14.	Chromosomen, DNA	2-3 Wochen
Chorionzottenbiospie	ab ca. 11.	Chromosomen, DNA	2-3 Wochen
Embryonale Zellen aus mütterlichem Blut	ab ca. 9.	Chromosomen, DNA	2-3 Wochen

Tabelle 1:   *Verschiedene Verfahren der PND*

(In Anlehnung an: Kollek, Präimplantationsdiagnostik 2002, 21)

2.2.6.3 Vergleich von PND und PID

Nachfolgend soll eine Zusammenfassung der wichtigsten Unterschiede von PND und PID dargestellt werden. Die Aussagen stützen sich dabei weitgehend auf die Ausführungen von Kollek (2002, 14-16).

Die PID wird an frühen Embryonen *in vitro* durchgeführt. Diese befinden sich zu diesem Zeitpunkt meist im 6- bis 10- Zell-Stadium. Sie erfolgt also an Embryonen, welche sich außerhalb des Körpers der Frau befinden. Bei der PND hingegen werden Embryonen im Mutterleib untersucht, also *in utero*. Es liegt also bereits eine Schwangerschaft vor. Die Frau hat hierdurch schon eine ganz andere Verbindung zu dem Ungeborenen, als wenn sie noch gar nicht weiß, ob es überhaupt zu einer Einnistung des Embryos in den Uterus kommt.

Damit die Embryonen bei der PID überhaupt extrakorporal vorliegen können, muss in einem ersten Schritt eine IVF vorgenommen werden. Diese geht mit belastenden Hormonbehandlungen für die Frau einher und ist mit einigen Risiken verbunden (vgl. hierzu auch 2.4.1.1 „Risiken und Belastungen der extrakorporalen Befruchtung für die Frau").

Durch die IVF können in einem Zyklus bis zu drei Eizellen befruchtet werden (vgl. § 1 Abs. 1 Nr. 5 ESChG). Es können also mehrere Embryonen entstehen. Nur unter diesen Bedingungen kann eine PID überhaupt erfolgen, da erst dadurch eine Auswahl aus mehreren Embryonen getroffen werden kann. Die PID ist also, im Gegensatz zur PND, eine Selektionstechnik. Es werden unter mehreren Embryonen diejenigen ausgewählt, die nicht von der getesteten Krankheit betroffen sind. Bei der PND hingegen kann immer nur ein Embryo bzw. Fetus untersucht werden, nämlich derjenige, der sich bereits in den Uterus eingenistet hat. Hier geht es also um die Frage der Fortführung einer Schwangerschaft, falls der Untersuchungsbefund Hinweise auf eine Erkrankung liefert.

Mit der PID ist auch „zum ersten Mal eine im wissenschaftlichen Sinne echte Eugenik möglich, d.h., bestimmte Allele könnten mittelfristig aus einer Population eliminiert werden, ohne daß die Fortpflanzungswünsche der betroffenen Gruppe von Menschen unterdrückt werden müssen" (Kollek 2002, 15). Nähere Ausführungen zur Eugenik finden sich im ethischen Teil der Studie.

Ein weiterer wichtiger Unterschied zwischen PND und PID besteht in der Tatsache, dass bei der PID ein direkter Zugriff auf die Embryonen möglich ist, da diese extrakorporal vorliegen. Sie stehen also für Dritte zur Verfügung (vgl. Honnefelder 1999, 119). Gebhardt bezeichnet diese extrakorporal vorliegenden Embryonen als „Produkte" und meint in diesem Zusammenhang: „Mit diesem Produkt kann man forschen, man kann selektieren, man kann es ändern, man kann es klonen, Chimären, d.h. Kreuzungen zwischen Mensch und Tier, bilden" (Gebhardt 1999, 117). Durch die PID können sich also neue Anwendungsgebiete erschließen. Sie wird deshalb auch als „Einstiegstor zur Keimbahntherapie, zum Klonen und zur verbrauchenden Embryonenforschung gesehen" (Schöne-Seifert 1999, 89).

2.3 Anwendungsgebiete der PID

Ziel der PID ist in allen Fällen die Erfüllung des Kinderwunsches (vgl. Enquete-Kommission 2002, 86; nachfolgend abgekürzt mit: EK). Dabei ist der Wunsch nach einem gesunden Kind von enormer Bedeutung (Ausnahme stellen die Paare dar, die sich aufgrund einer monogenetischen Krankheit selbst ein Kind wünschen, das unter dieser Krankheit leidet).

Nach Haker (2002, 144) lassen sich drei verschiedene Zielgruppen für die PID unterscheiden: zum einen diejenigen Paare, welche die Hilfe von IVF und PID in Anspruch nehmen, da sie an einer *Fruchtbarkeitsstörung* leiden und so genannte *Hochrisikopaare*, die zwar eine normale Fertilität aufweisen, die jedoch genetisch vorbelastet sind und bei welchen eine relativ hohe Wahrscheinlichkeit besteht, ein schwerkrankes Kind zu bekommen. Eine dritte Gruppe stellen Paare dar, welche die PID *ohne spezifische Krankheitsindikation* wählen, d.h. entweder aus indirekt medizinischen Gründen (als Gewebespender für ein „Geschwisterkind") oder aus nichtmedizinischen Gründen (zur Geschlechtsselektion, sowie zur positiven Selektion von Kindern mit genetisch bedingten Krankheiten im Falle genetisch vorbelasteter Eltern). Die verschiedenen Indikationen für die PID werden nachfolgend näher beschrieben. Erläuterungen über mögliche zukünftige Anwendungsgebiete der PID runden das Kapitel ab.

Zum besseren Verständnis soll jedoch vorab auf die genetischen Grundlagen von Erbkrankheiten eingegangen werden. In einem kurzen Überblick werden die verschiedenen Erbgänge und Chromosomenstörungen (Chromosomenaberrationen) dargestellt.

2.3.1 Exkurs: Erbgänge und Chromosomenstörungen

Nachstehend werden zunächst die verschiedenen Erbgänge (monogene oder polygene) vorgestellt. Anschließend soll auf die unterschiedlichen Chromosomenaberrationen (numerische oder strukturelle) eingegangen werden.

Monogene Erbgänge

Ein monogener Erbgang liegt vor, wenn die Mutation eines einzelnen Gens zur Ausprägung einer Erkrankung führt (vgl. Hennen/Sauter 2004, 19).

Gene können in verschiedenen Zustandsformen auftreten, was für ihre genotypische Vererbung (Gesamtheit der Erbanlangen eines Organismus) unterschiedliche Konsequenzen hat (vgl. Buselmaier/Tariverdian 1999, 86). In Tabelle 2 werden die verschiedenen Zustandsformen von Genen dargestellt:

Gen	DNA-Abschnitt, der für ein funktionelles Produkt mit einer spezifischen Basensequenz codiert
Allele	Alternative Formen von Genen, die denselben Lokus im Chromosom einnehmen. Die verschiedenen Allele unterscheiden sich voneinander durch mutative Veränderungen
Multiple Allelie	Existieren mehr als zwei Allele eines bestimmten Gens, so spricht man von multiplen Allelen bzw. von multipler Allelie
Homozygotie	Das Vorhandensein von identischen Allelen an sich entsprechenden Loci in homologen Chromosomensegmenten
Heterozygotie	Das Vorhandensein von verschiedenen Allelen an sich entsprechenden Loci in homologen Chromosomensegmenten

Tabelle 2:   *Zustandsformen von Genen und ihre Konsequenzen für die genotypische Vererbung*

(In Anlehung an: Buselmaier/Tariverdian, Humangenetik 1999, 86)

Ein Gen kann entweder *rezessiv* oder *dominant* vererbt werden. Rezessiv ist ein Gen dann, wenn es nur im homozygoten, nicht aber im heterozygoten Zustand phänotypisch (der Phänotyp bezeichnet die Gesamtheit der sichtbaren Merkmale eines Organismus) in Erscheinung tritt (vgl. Murken/Cleve 1996, 102). Einen dominanten Erbgang hingegen zeigt ein Gen dann, wenn es auch im heterozygoten Zustand phänotypisch zur Ausprägung kommt (vgl. ebd., 94).

Die meisten Gene befinden sich auf den 22 Autosomen (alle Chromosomen, außer den Geschlechtschromosomen). Sie werden *autosomal* vererbt. Befindet sich das Gen jedoch auf dem X-Gonosom (X-Geschlechtschromosom), spricht man von *X-chromosomaler* Vererbung. Das Gen wird also in Abhängigkeit vom Geschlecht vererbt. Man spricht in diesem Fall nur von X- und nicht von Y-chromosomaler Vererbung, da sich auf dem Y-Chromosom nur sehr wenige aktive Gene befinden (vgl. Strachan/Read 1996, 56). Vom Y-Chromosom werden nur Gene vererbt, die für die Eigenschaften des männlichen Geschlechts von Bedeutung sind (vgl. Körner/Witkowski 1997, 232).

Anhand dieser unterschiedlichen Eigenschaften von Genen lassen sich vier verschiedene Erbgänge unterscheiden, die zur besseren Übersicht in Tabelle 3 dargestellt sind. Dabei beziehen sich die Ausführungen auf die Aussagen von Körner/Witkowski (1997, 216-32) und Buselmaier/Tariverdian (1999, 177-214). Eine nähere Erläuterung der Erbkrankheiten (v.a. für welche eine PID möglich ist) findet sich im Glossar der für die PID bedeutsamen Krankheiten.

Erbgang	Merkmal	Erbkrankheiten
Autosomal-rezessiv	Heterozygote Eltern sind phänotypisch unauffällig.	Zystische Fibrose/ Mukoviszidose
	Zur Merkmalsausprägung kommt es nur bei Homozygotie.	Thalassämie
	Bei Heterozygotie beider Eltern, liegt die Wahrscheinlichkeit (entsprechend den Mendelschen Gesetzen) für die Geburt eines homozygot kranken Kindes bei 25 %.	Tay-Sachs-Syndrom
		Sichelzellenanämie
Autosomal-dominant	Jeder Gen-(Anlagen-)träger ist gleichzeitig auch Merkmalsträger (der Phänotyp eines Homozygoten entspricht dem eines Heterozygoten).	Chorea Huntington
		Retinoblastinom
	Für jedes Kind eines heterozygoten Merkmalsträgers (mit einem homozygot gesunden Partner) ergibt sich eine Erkrankungswahrscheinlichkeit von 50 %.	Myotone Dystrophie
		Familiäre Polyposis coli
		Marfan-Syndrom
X-chromosomal rezessiv	Jedes X-chromosomale Gen ist beim Mann nur einfach vorhanden, da ein Mann nur ein X-Chromosom besitzt (Hemizygotie, hemizygot; ein Gen ist nur einmal im Genotyp vorhanden). Es kommt daher bereits bei rezessiven Mutationen zur Merkmalsausprägung.	Hämophilie
		Lesch-Nyhan-Syndrom
	Hemizygote Männer (X/Y), also betroffene Männer, zeugen mit einer homozygot gesunden (XX) Frau nur gesunde Söhne, da sie das X-Chromosom von der Mutter erhalten. Alle Töchter sind jedoch heterozygote Überträgerinnen (X/X). Sie erhalten das mutierte Gen über das väterliche X-Chromosom, sind jedoch phänotypisch gesund.	Duchenne-Muskeldystrophie
		Charcot-Marie-Tooth-Hoffmann-Krankheit
X-chromosomal dominant (selten)	Im Gegensatz zu den X-Chromosomal rezessiven Erbgängen werden die Mutationen auch bei der Frau manifest, d.h. auch heterozygote Trägerinnen erkranken. Männer erkranken oft schwerer.	Vitamin-D-resistente Rachitis
	Frauen sind doppelt so häufig betroffen wie Männer, da sie zwei X-Chromosomen besitzen.	

Tabelle 3:   *Monogene Erbgänge, deren Eigenschaften und den damit verbundenen Krankheiten*

Multifaktorielle (polygene) Vererbung

Bei dieser Form von Erbgängen sind an der phänotypischen Ausprägung eines *Merkmals mehrere Gene*, zusammen mit *Umwelteinflüssen* beteiligt, welche sich von Generation zu Generation neu kombinieren. Die Veränderungen einzelner Gene haben bei polygen bedingten Merkmalen keine so starken Auswirkungen, wie bei Merkmalen, die durch ein Gen bedingt sind (vgl. Murken/Cleven 1996, 123). Die meisten menschlichen Merkmale wie z.b. Intelligenz, Körpergröße, Gewicht, Hautfarbe, Fruchtbarkeit und Blutdruck sind multifaktoriell bedingt. Auch viele Krankheiten sind von multifaktorieller Natur. Darunter fallen z.b.: Hypertonie, Diabetes mellitus, Schizophrenie und andere psychische Erkrankungen, sowie der familiäre Brustkrebs (ausgelöst durch Veränderungen in den BRCA-Genen) (vgl. Buselmaier/Tariverdian 1999, 237-38; Hennen/Sauter 2004, 20).

Chromosomenstörungen

Es gibt numerische (Veränderungen der Chromosomen*zahl*) und strukturelle (Veränderung der Chromosomen*struktur*) Chromosomenstörungen. Tabelle 4 gibt eine Übersicht über die verschiedenen Chromosomenanomalien und Beispiele für damit verbundene Krankheiten. Die Ausführungen beziehen sich dabei auf die Aussagen von Buselmaier/Tariverdian (1999, 57) und Strachan/Read (1996, 58-61), sowie auf die Beschreibungen der verschiedenen mit Chromosomenstörungen einhergenden Krankheiten von Körner/Witkowski (1997, 178-209).

Numerische Chromosomenstörungen
Aneuploidien: Bestimmte Chromosomen sind verloren gegangen oder dazu gekommen (z.b.: Monosomie X und Trisomie 21)
→ z.B. Ulrich-Turner-Syndrom (45,Xo), Down-Syndrom (47,XX/XY, + 21), Pätau-Syndrom (47,XX oder XY, + 13) Edwards-Syndrom (47,XX oder XY, + 18), Klinefelter-Syndrom (47,XXY), Triplo-X-Frau (47,XXX)
Polyploidien: Vermehrung sämtlicher Chromosomensätze (z.B.: Triploidien, 3n=69 Chromosomen)
→ z.b. Embryonen und Feten mit vielfältigen Missbildungen
Mosaike: Unterschiedliche Zelllinien, die sich in der Anzahl der Chromosomen unterscheiden und von einer Zygote stammen (z.B. ein Mosaik, das teilweise aus normalen und teilweise aus Zellen mit einer Trisomie besteht, 47,XXY/46,XY oder 47,XXY/46,XY/45,X)

Strukturelle Chromosomenstörungen
Deletion: Verlust eines Chromosomensegments
→ z.B. Katzenschrei-Syndrom (46,XX oder XY, 5p-), Wolf-Hirschhorn-Syndrom (46,XX oder XY, 4p-)
Duplikation: Verdopplung eines Chromosomensegments
Insertion: Hinzufügen eines Segments in ein Chromosom
Inversion: Drehung eines Chromosomensegments um 180°
Translokation: Änderung der Position von Chromosomensegmenten (2 Formen: Reziproke und Robertson-Translokation)
→ z.B. Kinder mit Pätau-Syndrom oder Down-Syndrom: Robertson-Translokation
Ringchromosom: Ringbildung aufgrund von Chromosomendeletion

Tabelle 4: *Chromosomenstörungen und damit einhergende Krankheiten (Syndrome)*

(In Anlehung an: Buselmaier/Tariverdian, Humangenetik 1999, 57)

Numerische Chromosomenstörungen entstehen meist spontan (de-novo-Aberration) durch Chromosomenfehlverteilungen, also durch das Nicht-auseinandertreten (Nondisjunction) einzelner Chromosomen während der Keimzellreifung. Eine Nondisjunction während der Meiose führt zur Bildung aneuploider Keimzellen (siehe Abbildung 7). Daraus resultieren aneuploide Zygoten (vgl. Murken/Cleve 1996, 59-60).

Mit zunehmendem Alter der Frau steigt das Risiko von meiotischen Nondisjunctions-Prozessen. Die Trisomiehäufigkeit von Kindern geht mit dem mütterlichen Alter einher. Ein zusätzliches Chromosom 21, wie das bei Down-Syndrom-Kindern der Fall ist, stammt in mehr als 90 % der Fälle von der Mutter. Eine 21-jährige Frau hat ein Risiko von 1 zu 1500, ein Kind mit Trisomie 21 zu bekommen, wohingegen das Risiko bei einer 45-jährigen Frau 1 zu 30 beträgt (vgl. Buselmaier/Tariverdian 1999, 122-24).

Auch während der Mitose kann eine Nondisjunction stattfinden (siehe Abbildung 7). Dabei kommt es zu einer Fehlverteilung einzelner Chromosomen in somatischen Zellen während der mitotischen Teilung. Findet eine mitotische Nondisjunction im Blastozystenstadium statt, findet man neben normalen Zelllinien auch aneuploide Zellen (Mosaikbildung) (vgl. ebd., 125).

Meiotische Nondisjunction   Mitotische Nondisjunction

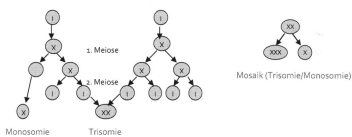

Abbildung 7: *Entstehung einer Aneuploidie durch meiotische und mitotische Nondisjuction*
(In Anlehung an: Buselmaier/Tariverdian, Humangenetik 1999, 122)

Strukturelle Chromosomenstörungen können ererbt sein, aber auch de novo entstehen (vgl. Körner/Witkowski 1997, 193). Sie entstehen durch Brüche an einem oder mehreren Chromosomen mit anschließenden Umbauten innerhalb eines Chromosoms oder zwischen zwei unterschiedlichen Chromosomen. Strukturelle Chromosomenstörungen können entweder *unbalanciert* (Verlust oder Zugewinn von genetischem Material) oder *balanciert* (kein Verlust oder Zugewinn von genetischem Material) sein (vgl. Murken/Cleve 1996, 69-71; Buselmaier/Tariverdian 1999, 142).

Eine balancierte Strukturanomalie hat meist für das betroffene Individuum keine Auswirkung. Allerdings weisen die Betroffenen ein erhöhtes Risiko für Nachkommen mit unbalancierten Chromosomenaberrationen auf, wodurch es zu Infertilität, zu vermehrten Aborten oder zur Geburt von Kindern mit schweren oft letalen Fehlbildungen kommen kann. In der Bevölkerung beträgt der Anteil von Anlageträgern für eine balancierte Chromosomenaberration 0,1-0,2 % (vgl. Kollek 2002, 77-78).

2.3.2 Monogene Erbkrankheiten

Die PID wird in erster Linie für genetisch vorbelastete Paare eingesetzt bei denen ein hohes Risiko besteht, ein Kind mit einer schweren monogen bedingten Krankheit zu bekommen. Diese Paare haben entweder bereits ein krankes Kind (oder mehrere) zur Welt gebracht oder es sind Erbkrankheiten innerhalb der Familie aufgetreten. Mit Hilfe der PID könnte so genannten Hochrisikopaaren ein (wiederholter) Schwangerschaftsabbruch erspart bleiben, da ein Embryo, der von der entsprechenden Krankheit betroffen ist, schon in vitro vor einer Implantation in den Mutterleib erkannt und seine Übertragung vermieden werden könnte (vgl. Kollek 2003, 76; NER 2003, 37-38).

Ein Hochrisikopaar liegt dann vor, wenn z.B. beide Eltern Anlageträger einer autosomal-rezessiven Krankheit sind (sie sind dann heterozygot für die Krankheit) oder einer der Partner Träger einer autosomal-dominanten bzw. X-chromosomal vererbten Krankheit ist (vgl. EK 2002, 86) (siehe dazu auch die Ausführungen unter 2.3.1 „Exkurs: Erbgänge und Chromosomenstörungen").

Für folgende monogene Erbkrankheiten wurde die PID bereits erfolgreich eingesetzt: Charcott-Marie-Tooth-Erkrankung, Chorea Huntington, Fragiles X-Syndrom, Familiäre Adenomatöse Polyposis, Hämophilie, Marfan-Syndrom, Duchenne-Muskeldystrophie, Zystische Fibrose, Osteogenesis Imperfecta, Ornithin Transcarbamylase-Defizienz, Retinitis pigmentosa, Sichelzellenanämie, Spinale Muskelatrophie, Tay-Sachs-Erkrankung, β-Thalassämie (vgl. Lissens/Sermon 1997, 1759; Harper et al. 2001, 171; Kollek 2002, 77). Nähere Ausführungen zur Symptomatik der einzelnen Krankheiten finden sich im ‚Glossar der für die PID bedeutsamen Krankheiten'.

Mittels PID können ausschließlich monogene Erbleiden erfasst werden. Bei Merkmalen, die multi-faktoriell vererbt werden, stößt die PID an ihre Grenzen. Das Zusammenspiel der einzelnen, oft in großer Anzahl vorhandenen Gene bei multifaktoriellen/polygenen Merkmalen ist äußerst kompliziert und mit Hilfe der PID nur schwer zu diagnostizieren. Man bräuchte eine große Zahl an Embryonen und damit verbunden auch eine enorme Anzahl an Eizellen, um überhaupt eine Selektion vornehmen zu können. Im Rahmen der IVF kann jedoch bis heute keine ausreichende Anzahl von Eizellen gewonnen werden, um dann in einem nächsten Schritt mit Hilfe der PID, Embryonen mit multifaktoriell bedingten Merkmalen auszuwählen (vgl. NER 2003, 38).

Die vielfach in der Öffentlichkeit diskutierte Gefahr, dass durch die PID so genannte Designer-Babys ausgewählt werden könnten, welche spezielle, von den Eltern gewünschte Eigenschaften besitzen (bestimmte Augenfarbe, Haarfarbe, Hautfarbe, hoher IQ), scheint daher unbegründet zu sein (vgl. ebd.). Nähere Erläuterungen finden sich im ethischen Teil der Studie.

2.3.3 Chromosomal bedingte Krankheiten und altersbedingte Aneuploidien

Ein wichtiger Anwendungsbereich der PID liegt in der Prävention von Nachwuchs mit Chromosomenstörungen. Diese entstehen in ca. 8 % aller Konzeptionen. Meist sind die Chromosomenanomalien nicht mit dem Leben vereinbar und die Embryonen bzw. Feten werden spontan abortiert. Die Häufigkeit von Chromosomenaberrationen bei Spontanaborten beträgt etwa 60 % im 1. Trimenon (vgl. Buselmaier/Tariverdian 1999, 121).

Numerische Chromosomenstörungen entstehen meist spontan (die Eltern weisen also einen normalen Chromosomensatz auf) während der Keimzellreifung und sind in der Regel nicht ererbt. Autosomale Monosomien sind wie die meisten Trisomien nicht lebensfähig. Trisomien 13, 18 und 21 sind mit dem Leben vereinbar, die Krankheitssyndrome jedoch unterschiedlich schwer ausgeprägt (vgl. Murken/Cleve 1996, 66-68; NER 2003, 39).

Neugeborene mit einer Trisomie 21 weisen keine so schweren Beeinträchtigungen der geistigen und körperlichen Entwicklung auf, wie diejenigen mit einer Trisomie 13 oder 18. Diese gehen mit schweren Fehlbildungen und Entwicklungsstörungen einher (vgl. ebd.).

Menschen mit gonosomalen Chromosomenaberrationen haben keine so schwerwiegenden Erkrankungen und sind weniger beeinträchtigt (vgl. Buselmaier/Tariverdian 1999, 125). Krankheiten, die durch die Fehlverteilung von Gonosomen entstehen, sind z.B. das Ulrich-Turner-Syndrom (nur ein X-Chromosom, X0), Klinefelter-Syndrom (XXY) und das Triple-X-syndrom (XXX) (vgl. ebd., 129). Nähere Erläuterungen finden sich im ‚Glossar der für die PID bedeutsamen Krankheiten‘.

Die PID wird auch zur Detektion von strukturellen Chromosomenstörungen eingesetzt. Diese können vererbt werden. Weist z.B. ein Elternteil eine balancierte Chromosomentranslokation auf, kann es bei den Nachkommen häufig zu unbalancierten Chromosomenaberrationen kommen (vgl. Kollek 2002, 77). Träger einer solchen balancierten Translokation sind phänotypisch meist unauffällig und werden meist erst nach dem Auftreten von Fehlgeburten oder mit der Geburt eines Down-Syndrom-

Kindes bzw. eines Kindes mit schweren Fehlbildungen entdeckt (vgl. Murken/Cleve 1996, 73). Translokationen, bei denen große Abschnitte von zwei Chromosomen beteiligt sind, sowie Translokationen zwischen den Chromosomen 14, 15 oder 22, sind pränatal letal (vgl. NER 2003, 39-40). Nähere Erläuterungen zu den strukturellen Chromosomenstörungen, siehe auch die Ausführungen unter 2.3.1.

Das Risiko für die Geburt eines Kindes mit einer Chromosomenstörung steigt mit zunehmendem Alter der Frau (vgl. Munné 2006, 242). Je älter die Frau ist, desto größer ist z.b. die Wahrscheinlichkeit, ein Kind mit Down-Syndrom zu bekommen (Kollek 2002, 97).

Spontanaborte gehen in den meisten Fällen mit einer Chromosomenaberration einher (vgl. Verlinsky et al. 2005, 219). Eine weitere Gruppe, die also für die Anwendung der PID vorgeschlagen wurde, sind Frauen über 35 Jahre, die sich wegen Fertilitätsproblemen einer IVF unterziehen (vgl. Munné 2006, 245).

Hintergrund dieses Vorschlages war die Annahme, dass die sinkenden Fertilitätsraten auf die abnehmende Qualität der von älteren Frauen gebildeten Eizellen zurückzuführen sind (vgl. Gianaroli et al. 1997, 1762). Bei Spontanaborten wird am häufigsten ein weiteres Autosom nachgewiesen. Dabei steht die Trisomie 16 an erster Stelle. Die zweithäufigste Ursache, die zum Spontanabort führt, ist eine Monosomie X. Des Weiteren kommen als Abortursache auch Chromosomenaberrationen in Frage, die durch eine familiäre balancierte Transolokation bedingt sind (vgl. Buselmaier/Tariverdian 1999, 161).

Durch die PID können Embryonen mit Chromosomenstörungen, die mit dem Leben nicht vereinbar sind, bereits vor einer Implantation erkannt und von einem anschließenden Transfer ausgeschlossen werden. Dies könnte zu einer Verbesserung der Implantations- und Schwangerschaftsrate führen und Spontanaborte bei älteren Frauen reduzieren (vgl. Gianaroli 1997, 1762-67; Munné 2006, 248). Im Rahmen eines so genannten Screening-Programmes könnte allen Frauen über 35 Jahren angeboten werden, die sich ohnehin einer IVF-Behandlung unterziehen, eine PID zur Entdeckung von Chromosomenaberrationen durchführen zu lassen. Die niedrige „Baby-take-home-Rate" der IVF (etwa 15 % pro Zyklus; die „Baby-take-home-Rate" ist in diesem Zusammenhang eine Bezeichnung für die Erfolgsquoten bei der IVF) könnte dadurch erhöht werden und zur Effizienzsteigerung der IVF beitragen. Diese Annahme bleibt bislang jedoch unbewiesen (vgl. Hennen/Sauter 2004, 22). Niederländische Wissenschaftler fanden jetzt sogar heraus, dass die PID die Schwangerschaftsraten nicht nur nicht verbessert, sondern signifikant verschlechtert (vgl.

Mastenbroek et al. 2007, 1). Ob die PID also zur Erfolgsverbesserung der IVF eingesetzt werden kann, bleibt fragwürdig.

Auf internationaler Ebene ist das Aneuploidie-Screening schon weit verbreitet. Die PID wird weltweit vornehmlich zur Untersuchung auf Chromosomenstörungen bei fortgeschrittenem Alter der Frau eingesetzt (ESHRE PGD Consortium Steering Committee 2008, 741). Durchgeführt wird die Diagnostik in den meisten Fällen an Polkörperchen (vgl. Harper et al. 2001, 218).

2.3.4 Männliche Fruchtbarkeitsstörungen und Intrazytoplasmatische Spermieninjektion (ICSI)

Die PID kann auch bei Paaren eingesetzt werden, bei denen aufgrund einer männlichen Fruchtbarkeitsstörung die ICSI-Technik angewandt wird (vgl. Kollek 2002, 89). Diese Störungen beim Mann sind oft genetisch bedingt (vgl. ESHRE Capri Workshop Group 1998, 2027); z.B. sind Männer mit dem Klinefelter-Syndrom (XXY; besitzen ein zusätzliches X-Chromosom) unfruchtbar (vgl. Okada et al. 1999, 946). Manchmal sind auch für zystische Fibrose heterozygote Männer steril. Dies wird auf einen Verschluss der Ausführungsgänge des männlichen Genitalsystems zurückgeführt (vgl. Buselmaier/Tariverdian 1999, 192).

Bei Männern mit Fruchtbarkeitsstörungen werden oft Deletionen im Y-Chromosom festgestellt, welche mit 100 % Wahrscheinlichkeit auf die männlichen Nachkommen übertragen werden (vgl. Silber/Repping 2002, 217).

Das Y-Chromosom besitzt einige Gene für Eigenschaften, die in Verbindung mit dem männlichen Geschlecht stehen. Beispielsweise ein *Testesspezifisches Gen*, das die Entwicklung der embryonalen Gonadenanlage in die männliche Richtung steuert oder ein Gen, das mit der *Spermienreifung* in Zusammenhang steht (vgl. Körner/Witkowski 1997, 232). Durch die ICSI besteht daher die Gefahr, die genetischen Anomalien des Mannes auf die nachfolgenden Generationen zu übertragen (vgl. Silber/Repping 2002, 217).

Mit Hilfe der PID soll eine weitere Übertragung der genetischen Infertilität auf die nachfolgenden Generationen vermieden werden, da sie immer mehr Mutationen, die zur männlichen Unfruchtbarkeit führen, erfassen kann (vgl. Diemer/Desjardins 1999, 120-40). Nach Anwendung der ICSI sollte also eine PID erfolgen (vgl. Kollek 2002, 91).

2.3.5 Geschlechtsselektion und „Family balancing"

Darüber hinaus wird die PID zur Geschlechtsselektion bei geschlechtsgebundenen Krankheiten eingesetzt (vgl. ESHRE PGD Consortium Steering Committee 2008, 743). Dabei wird zuerst das Geschlecht festgestellt und anschließend nur ein Embryo mit dem Geschlecht in den Mutterleib zurückgesetzt, das von der Krankheit nicht betroffen ist (vgl. Comité Consultatif National d'Ethique 2002, 1).

In manchen Ländern wird die PID jedoch auch zur gezielten Auswahl des Geschlechts mit dem Ziel des „family balancing" eingesetzt (vgl. Pennings 1996, 2339-45). In diesem Fall wird eine PID durchgeführt, ohne dass eine medizinische Indikation vorliegt (vgl. Hennen/Sauter 2004, 18). Eine gezielte Geschlechtsselektion soll aus „Gründen der individuellen Lebensplanung" (ebd.) bzw. „zur Ergänzung" der Familie durch ein Kind mit einem anderen Geschlecht, erfolgen (vgl. ebd.). Die PID zum Zweck des „family balancing" wird in Indien, aber auch in China angewendet (vgl. Robertson 2003, 469). In diesen Ländern wird vorwiegend eine „Aussortierung" des weiblichen Geschlechts vorgenommen (vgl. Hennen/Sauter 2004, 23).

2.3.6 Medizinische Selektion – Auswahl immunkompatibler Embryonen (HLA-Matching)

Ebenfalls angewendet wird die PID zur medizinischen Selektion, d.h. zur Auswahl immunkompatibler Embryonen (HLA-matching), damit diese als potentielle Gewebespender von Knochenmark oder Nabelschnurblut für ein weiteres in der Familie erkranktes „Geschwisterkind" fungieren können (vgl. Robertson 2003, 468). Nur durch die Spende von passendem Knochenmark oder Stammzellen aus dem Nabelschnurblut kann das Leben des „Geschwisterkindes" verlängert bzw. gerettet werden (vgl. Picoult 2004, 356).

„HLA" steht für *Human Leukocyte Antigen* und ist die genetische Bezeichnung für menschliche Haupthistokompatibilitätskomplexe, welche für die Akzeptanz eines Transplantats von Bedeutung sind, also für die Gewebeverträglichkeit (vgl. Janeway et al. 2002, 743).

Je größer die Übereinstimmung der HLA-Moleküle, desto geringer ist die Gefahr einer Transplantatabstoßung. Unter Geschwistern ist die Wahrscheinlichkeit einer Übereinstimmung aller HLA-Moleküle am Größten (vgl. Burmester/Pezzutto 1998, 148).

Eine PID zur Auswahl von immunkompatiblen Embryonen wurde erstmalig im Jahr 2001 in den USA durchgeführt (Fall „Adam Nash"). Adam wurde im Rahmen einer IVF gezeugt und mit Hilfe der PID als passenden Gewebespender für seine schwerkranke Schwester Molly ausgewählt. Molly's Leben konnte mittels einer Transfusion seines Nabelschnurblutes letztendlich gerettet werden (vgl. Franklin/Roberts 2006, 35). Das Mädchen leidet an der seltenen Krankheit Fanconi-Anämie (vgl. EK 2002, 87). Diese Krankheit gehört zu den Chromosomenbruchsyndromen und ist eine von mehreren lebensbedrohlichen erblichen Blutbildungsstörungen. Sie wird autosomal-rezessiv vererbt. Fanconi-Anämie-Patienten können eine Reihe angeborener körperlicher Anomalien aufweisen. In 10-20 % der Fälle entwickeln die Patienten eine Leukämie (vgl. Deutsche Fanconi-Anämie-Hilfe e.V. 2005, 37-38). Für eine Auswahl immunkompatibler Embryonen durch die PID muss „wegen der kombinatorischen Möglichkeiten durch die gleichzeitige Berücksichtigung mehrerer Genorte" (NER 2003, 46) eine große Anzahl von extrakorporalen Embryonen (ca. 20-30) vorliegen (vgl. ebd.).

2.3.7 Selektion von Kindern mit genetisch bedingten Krankheiten aufgrund des Elternwunsches

Es gibt Eltern, die an einer monogenen Erbkrankheit leiden und sich Kinder wünschen, die von derselben Krankheit betroffen sind. Beispiele für solche Krankheiten können Kleinwüchsigkeit oder Gehörlosigkeit sein. Diese Eltern könnten einen Arzt mit der entsprechenden Selektion mittels PID (oder PND) beauftragen (vgl. NER 2003, 46). In Großbritannien wurde Anfang 2008 ein derartiger Fall bekannt: ein Londoner Paar (Tomato Lichy und Paula Garfield) leidet an angeborener Gehörlosigkeit und hat bereits eine Tochter, die ebenfalls taub ist. Das Paar wünscht sich nun ein weiteres taubes Kind. Weil Paula über 40 Jahre ist, könnten die beiden auf IVF angewiesen sein. Mit Hilfe der PID sollte dann das gehörlose Kind ausgewählt und implantiert werden. Das sonst so liberale Großbritannien wollte ihnen die PID nicht gewähren (vgl. Thomas 2008, 43).

2.3.8 Prädiktive Gendiagnostik

Auch zur prädiktiven Diagnostik wird die PID angewendet. Es können so genetische Veränderungen erfasst werden, die mit einer erhöhten Erkrankungswahrscheinlichkeit einhergehen oder für bestimmte Krankheiten disponieren, wobei sich grundsätzlich zwei Gruppen unterscheiden lassen (vgl. Kollek 2002, 82-83):

- Mutationen, die mit 100 % Wahrscheinlichkeit einen späteren Krankheitsausbruch zur Folge haben. Ein Beispiel hierfür ist die Krankheit Chorea Huntington oder die so genannte familiäre adenomatöse Polyposis coli, kurz FAP (bezüglich der Symptomatik siehe das ,Glossar der für die PID bedeutsamen Krankheiten').

- Genetische Veränderungen, die lediglich mit einer erhöhten Wahrscheinlichkeit zu einem späteren Krankheitsausbruch führen. Durch Mutationen im BRCA1-Gen z.b., ist die Gefahr bei Frauen größer, an Brustkrebs zu erkranken. Das Risiko steigt von 12 % auf 50-80 %. Es erkrankt also nicht jede Frau, die solch ein verändertes Gen besitzt. Auch Umweltfaktoren und andere Gene spielen bei der Entwicklung dieser Krankheit eine Rolle.

Es lassen sich therapierbare Krankheiten unterscheiden, die eine gute Prognose aufweisen (z.b. FAP) und Krankheiten, welche nicht behandelbar sind (z.b. Chorea Huntington). Diese können zu einer schwierigen Entscheidungssituation führen. Werden mit Hilfe der PID Embryonen identifiziert, welche veränderte Erbanlagen tragen, so weiß auch der betroffene Elternteil, dass er selbst Anlageträger ist. Aufgrund der seelischen Belastung, die mit dieser Diagnose verbunden ist, entscheiden sich nur wenige Risikopersonen dazu, einen präsymptomatischen Test vornehmen zu lassen (vgl. Kollek 2002, 83-84).

Möchten gefährdete Personen mit einer spätmanifesten oder autosomaldominanten Krankheit Nachwuchs bekommen, so wollen sie auch verhindern, dass die krankheitsrelevanten Mutationen auf ihre Nachkommen übertragen werden (vgl. Robertson 2003, 468). Durch die PID ist es möglich, nur solche Embryonen in den Mutterleib zu übertragen, die keine krankheitsrelevanten Gene besitzen. Mittels PID kann zugleich auch verhindert werden, dass keine Information über den genetischen Zustand an die Eltern weitergegeben wird. Es wird den gefährdeten Personen einfach nicht mitgeteilt, ob sich unter den durch IVF erzeugten Embryonen auch solche befanden, die krankheitsrelevante Veränderungen tragen. Auf diese Weise wird das Recht auf Nicht-Wissen gewahrt (vgl. NER 2003, 47-48).

2.3.9 PID nach präkonzeptionellen Reihenuntersuchungen (Screening)

Bestimmte autosomal-rezessive Erbkrankheiten treten in manchen Ländern (z.B. Israel, Zypern) besonders häufig auf. Dort werden insbesondere bei jungen Menschen in großem Umfang Reihenuntersuchungen auf Heterozygotie für bestimmte, schwere, nicht therapierbare Krankheiten durchgeführt. Darunter fallen z.B. Krankheiten wie die β-Thalassämie oder früh manifeste neurodegenerative Krankheiten. Sind beide Elternteile heterozygot, besteht für deren Nachwuchs eine 25%ige Wahrscheinlichkeit, die Krankheit ebenfalls zu bekommen. Den Eltern wird daher eine invasive PND oder PID empfohlen, was in den genannten Ländern zu einem deutlichen Geburtenrückgang betroffener Kinder geführt hat (vgl. NER 2003, 47).

2.3.10 Exkurs: Heterozygotenproblematik bei der PID

Die PID erfasst bei rezessiv vererbten Krankheiten auch die heterozygoten Embryonen (vgl. EK 2002, 87). Hierbei tritt jedoch das Problem auf, wie mit solchen gesunden Überträgerinnen bzw. Überträgern verfahren werden soll. Derzeit werden heterozygote Embryonen nur dann in den Mutterleib übertragen, wenn Embryonen ohne das betreffende Merkmal nicht zur Verfügung stehen (vgl. Ziegler 2004, 40).

Liegt also eine ausreichende Anzahl an Embryonen mit homozygot „normalen" Allelen vor, werden die Heterozygoten selektiert und von einem Transfer ausgeschlossen (vgl. EK 2002, 87). Allerdings stellt sich dann aber die Frage, ob diese Entscheidung gerechtfertigt ist, wenn sich die heterozygoten Embryonen in vitro besser entwickelt haben und somit die Wahrscheinlichkeit einer Implantation in die Gebärmutter größer ist (vgl. Ziegler 2004, 40).

Werden heterozygote Embryonen von einem Transfer in den Mutterleib ausgeschlossen, so wird der Nachwuchs möglicherweise von dem Handlungsdilemma verschont, in welchem sich die potentiellen Eltern derzeit befinden. Auch die Weitergabe des veränderten Gens könnte aufgehalten werden. Allerdings würden dann weniger Embryonen zu einer nachfolgenden Übertragung vorliegen, was die Wahrscheinlichkeit einer erfolgreichen PID reduziert (vgl. ebd.). Die Frage, wie mit den Heterozygoten verfahren werden soll, ist also aufgrund der genannten Ausführungen sehr schwer zu beantworten.

2.3.11 Mögliche zukünftige Anwendungsgebiete

Die Anfänge der PID lagen in der Analyse familiär bedingter Erbkrankheiten. Mit dem Aneuploidie-Screening jedoch waren bereits die ersten Schritte zur Ausweitung des Indikationsspektrums eingeleitet (vgl. Kollek 2002, 109, sowie die Ausführungen unter 2.3.2 und 2.3.3). Es zeichnen sich darüber hinaus weitere Anwendungsbereiche ab:

Der Nachweis schwerer, lebensbedrohlicher Krankheiten wie AIDS oder Hepatitis C könnte ein mögliches, zukünftiges Indikationsfeld für die PID darstellen. Die Erreger dieser Krankheiten integrieren sich in das menschliche Genom und können daher ebenfalls vererbt werden (vgl. Hennen/Sauter 2004, 23).

Denkbar sind auch Weiterentwicklungen im Bereich von DNA-Testsystemen. Mit Hilfe so genannter DNA-Chips können viele Erbanlagen gleichzeitig getestet werden. Dies ist ein erheblicher Fortschritt zu den bisherigen genetischen Tests mittels PCR-Technik, mit welchen meist nur eine Mutation in einem Gen erfasst werden kann (vgl. EK 2002, 88; Kollek 2002, 106).

Weitere Anwendungsgebiete könnten sich auch mit der Klonierung durch Kerntransplantation eröffnen. Mittels PID wäre es möglich, Embryonen mit abweichendem Karyotyp zu identifizieren und dann anschließend von einem Transfer in den Mutterleib auszuschließen. Dadurch könnte eine Effizienzsteigerung des Klonverfahrens erreicht werden (vgl. Kollek 2002, 111).

Im Zusammenhang mit der Keimbahntherapie ließe sich darüber hinaus mittels PID überprüfen – nach der Übertragung eines therapeutisch wirksamen Gens in einen Embryo – in welche Chromosomenregion die Erbanlage implementiert wurde und ob durch diese Gen-Integration möglicherweise andere wichtige Gene beschädigt wurden. Die Schwelle für Keimbahneingriffe wird mit großer Wahrscheinlichkeit durch präimplantive Untersuchungsmethoden herabgesetzt (vgl. ebd., 110-11).

2.4 Risiken und Probleme der IVF/ICSI und PID

Die PID kann nur im Zusammenhang mit einer extrakorporalen Befruchtung durchgeführt werden (siehe dazu die Ausführungen unter 2.2.1 „Extrakorporale Befruchtung"). Probleme und Risiken der PID sind daher nicht nur mit der Zellentnahme verbunden, sondern auch durch den Vorgang der IVF. Dabei umfassen die Risiken der PID nur den Embryo, wohingegen die extrakorporale Befruchtung zusätzlich mit gesundheitlichen Belastungen und Problemen für die Frau einhergehen kann (vgl. NER 2003, 30).

2.4.1 Risiken und Probleme der IVF/ICSI

2.4.1.1 Risiken und Belastungen der extrakorporalen Befruchtung für die Frau

Die Schwangerschaftswahrscheinlichkeit einer Frau (mit adäquater Eierstocksreaktion und unter 36 Jahren) beträgt laut Aussage des Deutschen

IVF-Registers (nachfolgend abgekürzt mit: DIR) durchschnittlich 40 % nach erfolgter IVF bzw. 38 % nach einer ICSI (DIR 2007, 5). Im Alter von 36-40 Jahren reduziert sich die Wahrscheinlichkeit auf etwa 30 % (nach IVF) bzw. 27 % (nach ICSI). Frauen über 40 Jahre können nach einem Embryotransfer nur noch in ca. 15 % (nach IVF) bzw. 13 % (nach ICSI) der Fälle schwanger werden (vgl. ebd., 14). Jede Frau, die ein präimplantativ untersuchtes Kind gebären möchte, muss sich folglich im Durchschnitt drei- bis sechsmal den belastenden Hormonbehandlungen aussetzen. Eine PID geht also mit höheren gesundheitlichen Risiken für die Frau einher, als eine „normale IVF" (vgl. Kollek 2002, 60). Ob durch eine Hormonbehandlung ein erhöhtes Risiko für das Auftreten von Ovarial- oder Brustkrebs besteht, ist umstritten (vgl. Parazzini 2001, 1373; Gauthier 2004, 2220;).

Eine hormonelle Stimulation, welche im Rahmen eines IVF/PID-Zyklus anfällt, geht auf alle Fälle mit erheblichen physischen und psychischen Belastungen für die Frau einher. Auf diese gesundheitlichen Beeinträchtigungen soll nun nachfolgend eingegangen werden.

2.4.1.1.1 Ovarielles Hyperstimulationssyndrom (OHSS)

Das Vorliegen von extrakorporalen Embryonen ist eine Voraussetzung für die PID. Die Frau muss sich daher erst einmal einer hormonellen Stimulation unterziehen, um genügend reife Eizellen zu erhalten (vgl. NER 2003, 30; siehe auch die Ausführungen unter 2.2.1 „Extrakorporale Befruchtung"). Bei einer Hormonbehandlung kann es zum so genannten ovariellen Hyperstimulationssyndrom (OHSS) kommen, welches in verschiedene Stadien eingeteilt werden kann: leicht, mittelgradig oder schwer (vgl. Steck 2001, 69-70).

Leitsymptome sind vergrößerte Ovarien, Flüssigkeitsansammlungen im Bauchraum, Übelkeit und Erbrechen, niedriger Blutdruck (Hypotonie), Veränderungen der Herzfrequenz (Tachykardie), sowie Sekundärkomplikationen wie Thrombosen, Leber-Nieren-Versagen und Atemnot. Auch von Todesfällen wurde berichtet (vgl. Abramov 1999, 2181-82; Steck 2001, 69-71; Kollek 2002, 58).

Im Jahr 2006 entwickelten in Deutschland 0,4 % der behandelten Patientinnen (144 Fälle) eine schwere Form des OHSS (vgl. DIR 2007, 24). Daneben können auch bei der Eizellentnahme Komplikationen wie Blutungen, Darmverletzungen oder Infektionen mit einer Rate von 0,67 % auftreten (vgl. ebd.).

Da bei der PID meist mehr Eizellen als bei einer extrakorporalen Befruchtung zur Infertilitätsbehandlung gewonnen werden, ist die Wahrscheinlichkeit, ein OHSS zu entwickeln, bei PID-Patientinnen größer als bei „normalen" IVF/ICSI-Patientinnen (vgl. NER 2003, 31).

2.4.1.1.2 Psychische Belastungen der Frau

Jeder der für das Verfahren der IVF/PID notwendigen Schritte ist mit Ängsten und Hoffnungen verbunden, wie z.b. die Sorge, ob genügend reife Eizellen zur Verfügung stehen, ob die Biopsie Auswirkungen auf den Embryo hat, ob „gesunde" Embryonen nach erfolgter genetischer Diagnostik für den Transfer vorhanden sind oder ob eine Schwangerschaft eintritt und aufrechterhalten werden kann (vgl. NER 2003, 31-32; Franklin/Roberts 2006, 138-57). Die Zeit des Wartens stellt ein große Belastung für die Frauen dar, insbesondere die Zeit zwischen dem Embryotransfer und dem Schwangerschaftstest (vgl. Spiewak 2005, 98-100; Franklin/Roberts 2006, 146-49). Während dieser Zeit kann der Traum vom eigenen Kind jederzeit zerstört werden (vgl. Ziegler 2004, 146).

Die IVF geht aufgrund der hormonellen Stimulation und v.a. aufgrund der Tatsache, dass pro IVF-Zyklus höchstens jede fünfte Frau ein Kind bekommt, mit erheblichen psychischen und physischen Belastungen einher. Trotz mehrerer Behandlungszyklen erfüllt sich bei etwa 30 bis 40 % der Paare der Kinderwunsch nicht (vgl. NER 2003, 32, 78).

In Deutschland wurde im Jahr 2005 eine „Baby-take-home-Rate" (Anzahl der Geburten pro Anzahl der durchgeführten Behandlungen in Prozent) von ca. 17 % pro IVF-Zyklus erreicht. (vgl. DIR 2007, 10). Diese relativ geringen Erfolgsraten der IVF stellen zudem eine seelischen Belastung für die Patientinnen dar: die IVF-Behandlung muss meist mehrere Male hintereinander wiederholt werden, damit eine Schwangerschaft eintritt bzw. ein Kind zur Welt kommt (vgl. NER 2003, 32). Kommt es jedoch zur Geburt eines Kindes, sind die Belastungen meist schnell vergessen (vgl. ebd.; Verhaak et al. 2007, 307-08).

Abschließend sollte noch darauf hingewiesen werden, dass durch dieses Verfahren auch Probleme in einer Partnerschaft durch den unbedingten Willen nach einem eigenen Kind und den damit verbundenen Druck entstehen können. Nicht außer Acht zu lassen sind außerdem die extremen Stimmungsschwankungen der Frau und die damit verbundene Unausgeglichenheit, bedingt durch die hormonelle Stimulation (vgl. Spiewak 2005, 99-100).

2.4.1.2 Risiken für extrakorporal gezeugte Kinder

2.4.1.2.1 Erhöhtes Risiko einer Mehrlingsschwangerschaft durch den Transfer mehrerer Embryonen

Eine reproduktionsmedizinische Behandlung ist mit einer erhöhten Mehrlingsrate verbunden (vgl. Harper et al. 2001, 135). Dabei ist die Zahl der transferierten Embryonen von erheblicher Bedeutung (vgl. Templeton/Morris 1998, 573-77). In Deutschland dürfen maximal drei Embryonen übertragen werden (vgl. § 1 Abs. 1 Nr.3 ESchG); daher ist das Problem hierzulande nicht so gravierend. In anderen Ländern hingegen, wie beispielsweise in den USA, gibt es keinerlei Beschränkungen. Reproduktionsmediziner können dort mehr als drei Embryonen in einem Zyklus zurücksetzen (vgl. Spiewak 2005, 131).

Da die erhöhten Mehrlingsraten eines der größten Probleme der assistierten Reproduktion darstellen (vgl. Macas/Wunder 2006, 80), wird von der Bundesärztekammer (nachfolgend abgekürzt mit: BÄK) in den Richtlinien zur assistierten Reproduktion empfohlen, Patientinnen unter 38 Jahren in den ersten beiden Behandlungszyklen nur zwei Embryonen zu übertragen (vgl. BÄK 2006, 1397). Damit kann das Risiko einer Mehrlingsschwangerschaft deutlich reduziert werden (vgl. Templeton/Morris 1998, 573-77).

Während bei der natürlichen Befruchtung die Mehrlingsrate etwa 1,5 % beträgt (vgl. NER 2003, 33), verzeichnet das DIR 2006 etwa 21 % Mehrlingsschwangerschaften. Davon waren etwa 20 % Zwillinge und knapp 1 % Drillinge (vgl. DIR 2007, 7). Europaweit kam es 1998 nach einer IVF-Behandlung zu 26,3 % Mehrlingsgeburten, wovon 23,9 % Zwillinge, 2,3 % Drillinge und 0,1 % Vierlinge waren (vgl. Nygren/Andersen 2001, 2465).

Daraus ergeben sich erheblich größere Risiken für die Schwangerschaft und für die körperliche Entwicklung der Mehrlingskinder. Nach Mehrlingsschwangerschaften kommt es gehäuft zu Fehl- und Frühgeburten (vgl. Spiewak 2005, 133-34), Kaiserschnittentbindungen und verringertem Geburtsgewicht (vgl. Cederblad 1996, 2052-57). Auf alle Fälle ist die Morbidität und Mortalität der meist frühgeborenen Kinder deutlich erhöht (vgl. BÄK 2006, 1397).

Bei höhergradigen Mehrlingen kommt es auch vermehrt zu Behinderungen, Lähmungen, Sehproblemen und Hör- bzw. Entwicklungsstörungen (vgl. Spiewak 2005, 134). Des Weiteren stellen Mehrlinge für die Mütter und die Partnerschaft eine erhebliche Belastung dar. Viel häufiger treten Ehe- und Partnerschaftsprobleme auf. Die Frauen leiden vermehrt an Depressionen. Auch Gefühle der Arbeitsüberlastung und der sozialen Isolation werden beschrieben (vgl. Kollek 2002, 64; Spiewak 2005, 133-35).

Durch die einer PID notwendigerweise und zumeist mehrfach wiederholt vorausgehende IVF-Behandlung und deren Folgen werden Frauen und Kinder belastet und/oder gefährdet. Diese Tatsache findet bei der Verhinderung von kranken Kindern bislang viel zu wenig Beachtung (vgl. Kollek 2002, 64).

2.4.1.2.2 Kindliche Fehlbildungen durch künstliche Befruchtungsmethoden

Künstliche Befruchtungsmethoden gehen mit einem erhöhten Risiko für kindliche Fehlbildungen einher (Anthony et al. 2002, 2089). Wissenschaftler des nationalen Forschungs- und Entwicklungszentums in Helsinki ermittelten ein 1,4fach höheres Risiko für angeborene Fehlbildungen bei Retortenkindern. Eine australische Erhebung ergab sogar ein doppelt so hohes Fehlbildungsrisiko. Eine neuere Untersuchung aus Deutschland hat in insgesamt 95 Fertilitätszentren ein 1,25-mal höheres Fehlbildungsrisiko für die durch ICSI gezeugten Kinder ermittelt. Nach einer Studie des Mainzer Geburtenregisters liegt die Fehlbildungsrate bei natürlich gezeugten Kindern bei 5 %, wohingegen 16 % der ICSI-gezeugten Kinder Missbildungen wie Lippen-Kiefer-Gaumen-Spalten, Herzfehler, offene Wirbelkanäle und Wasserköpfe aufwiesen. Auch Chromosomenanomalien traten vermehrt auf (vgl. Lenzen-Schulte 2003, 36).

Des Weiteren treten einige sehr seltene Behinderungen im Zusammenhang mit einer künstlichen Befruchtung auf. Ein Beispiel ist das so genannte Beckwith-Wiedemann-Syndrom. Das Risiko für diese genetisch bedingte Krankheit ist nach Angaben amerikanischer Genetiker nach einer IVF um das Sechsfache erhöht. Auch andere seltene Erkrankungen wie das Angelman-Syndrom zeigen auffällige Häufungen (vgl. ebd., 36-37).

Als Ursache für diese Erkrankungen werden Prägungsdefekte angesehen (vgl. ebd., 40). Bei einigen Genen hängt die Expression eines Allels davon ab, von welchem Elternteil es vererbt wurde. In bestimmten Zellen wird nur das Allel der Mutter, nicht aber das des Vaters exprimiert, bei anderen wird immer das Allel des Vaters exprimiert (vgl. Strachan/Read 1996, 201-02). Es lassen sich so bestimmte mütterliche Gene an- und väterliche Gene abschalten oder umgekehrt (vgl. Lenzen-Schulte 2003, 40). Dieses Phänomen wird als genomische Prägung (Genomic Imprinting) bezeichnet. Durch Methylierungsunterschiede der DNA wird das Ablesen der genetischen Information und damit die Expression der Erbanlagen kontrolliert. Das „Imprinting" spielt eine wichtige Rolle bei der Embryonalentwicklung (vgl. Buselmaier/Tariverdian 1999, 230). Weist die Prägung der Gene Fehler auf, können Krankheiten entstehen. Bei der IVF kann die Ursache der genetischen Fehlschaltungen in den Kulturmedien in vitro liegen, in welchen der Embryo mehrere Tage heranreift, bevor er in den Uterus zurückgesetzt wird. Die Präimplantationsembryonen befinden sich tagelang in derselben Kulturflüssigkeit, wohingegen es im Mutterleib zu einem ständigen Austausch und Wechsel von Nähr- und Signalstoffen kommt (vgl. Spiewak 2005, 146).

Darüber hinaus wird über ein vermehrtes Vorkommen von Krebsleiden bei Retortenkindern diskutiert (vgl. Lenzen-Schulte 2003, 37). Dem Nationalen Ethikrat zufolge (2003, 34) ist es derzeit aber unmöglich, eine abschließende Aussage darüber zu machen, in welchem Umfang eine IVF eine Erhöhung der Raten angeborener Missbildungen und Krankheiten nach sich zieht. Es muss jedoch auch berücksichtigt werden, dass die Mütter, die sich einer IVF unterziehen, meist älter und damit die genetischen Voraussetzungen ungünstiger sind (vgl. Spiewak 2005, 145).

2.4.1.2.3 Ungelöste Problematik der überzähligen Embryonen

Die extrakorporale Befruchtung führt zur Entstehung so genannter überzähliger Embryonen, welche durchaus gesund und überlebensfähig sind und dennoch aus verschiedenen Gründen nicht in den Mutterleib zurückgesetzt werden (vgl. NER 2003, 79). Nach dem deutschen ESchG dürfen maximal drei Embryonen implantiert (vgl. § 1 Abs. 1 Nr. 3 ESchG) und somit höchstens drei Eizellen befruchtet werden (vgl. § 1 Abs. 1 Nr. 5 ESchG). Der Entstehung überzähliger Embryonen soll mit dieser Vorschrift entgegengewirkt werden (vgl. Keller et al. 1992, 166).

Stehen nach der Eizellentnahme mehr Eizellen zur Verfügung, als später implantiert werden sollen, können die überschüssigen, befruchteten Eizellen (Pronukleusstadien) bei Temperaturen von - 196°C tiefgefroren und somit konserviert werden (vgl. ebd.). Diese so genannte Kryokonservierung imprägnierter Eizellen wird hierzulande in großem Umfang betrieben (vgl. EK 2002, 33). Die Kryokonservierung von Embryonen im Sinne des Gesetzes (vgl. § 8 Abs. 1 ESchG) ist in Deutschland nicht zulässig. Im Ausland dürfen hingegen auch Embryonen kryokonserviert werden (vgl. Steck 2001, 279). Darüber hinaus besteht die Möglichkeit der Kryokonservierung unbefruchteter Eizellen (vgl. BÄK 2006, 1397). Dieses Verfahren ist jedoch nicht so erfolgreich und befindet sich nach wie vor im Experimentierstadium (vgl. EK 2002, 33-34). Weibliche Keimzellen enthalten viel Wasser, das beim Einfrieren zerstörerische Kristalle bilden kann (vgl. Fabbri et al. 2001, 412). Außerdem enthält die Eizelle den Spindelapparat, der für die Chromosomenbewegung während der Zellteilung verantwortlich ist. Dieser kann bei der Prozedur zerstört werden. (vgl. Mullen et al. 2004, 1148-49). Läuft bei der Chromosomenverteilung etwas schief, können Missbildungen auftreten und verschiedene Krankheiten entstehen (vgl. Bernard/Fuller 1996, 194).

Der Nationale Ethikrat weist außerdem noch darauf hin, dass die PID die Anzahl der IVF-Zyklen steigert und schon deshalb die Zahl der überzähligen Embryonen erhöht wird (vgl. NER 2003, 79). Im Rahmen der PID werden etwa zehn Embryonen für die Diagnostik benötigt. Nur so kann eine Auswahl getroffen werden (vgl. Harper et al. 2001, 130). Solange also keine Maßnahmen zur Reduktion überschüssiger Embryonen zur Verfügung stehen, wie beispielsweise die hierzulande nicht verbotene Kryokonservierung unbefruchteter Eizellen oder etwa die Embryonenadoption, ist sowohl die IVF als auch die PID bedenklich (vgl. NER 2003, 82-83).

2.4.2 Spezifische Risiken und Probleme der PID

2.4.2.1 Die Verwendung totipotenter Zellen

Wie bereits zu Anfang des medizinisch-naturwissenschaftlichen Teils der Studie dargelegt wurde, erfordert die PID die Entnahme einer oder zweier embryonaler Zellen. Bei der PID werden meist Embryonen des 6- bis 10-Zell-Stadiums zur Diagnostik herangezogen. Diese können jedoch noch totipotent sein (vgl. die Ausführungen unter 2.1.2 „Zur Totipotenz der embryonalen Zellen"). Dies bedeutet aber, wie bereits angesprochen, dass aus den entnommenen Zellen nach entsprechender Kultivierung noch alle Zelltypen entstehen und zu einem vollständigen Individuum entwickeln können. Das deutsche ESchG verbietet daher die Entnahme solcher Zellen (vgl. Mieth 2002, 164-65).

Im Falle eines genetischen Defektes werden sowohl die embryonalen Zellen zerstört, als auch der eigentliche Embryo vernichtet. Die entnommenen Eizellen der Frau werden somit nicht allein zum Zwecke ihrer Erhaltung befruchtet (vgl. ebd., 165). Die PID ist daher nach deutscher Rechtsprechung verboten (vgl. § 2 Abs. 1 ESchG). Auf die rechtlichen und ethischen Belange im Zusammenhang mit der PID wird jedoch im rechtlichen und ethischen Teil der Studie detailliert eingegangen.

2.4.2.2 Auswirkung der Biopsie auf die Weiterentwicklung des Embryos

Um eine PID durchführen zu können, müssen den Embryonen ein bis zwei Blastomeren entnommen werden. Diese werden anschließend genetisch untersucht. Die Blastomerbiopsie erfolgt üblicherweise an Embryonen am dritten Tag nach der Befruchtung, d.h. wenn die Embryonen sich im 6- bis 10-Zell-Stadium (meist 8-Zell-Stadium) befinden (vgl. Harper et al. 2001, 133). Durch die Polkörperbiospie können auch Eizellen untersucht werden (vgl. die Ausführungen unter 2.2.3 „Polkörperbiopsie der Eizelle"). Derzeit ist noch unklar, ob es bei diesen Eingriffen zu nachfolgenden Entwicklungsstörungen kommen kann (vgl. Kollek 2002, 53).

Die am häufigsten durchgeführte Art der Biopsie ist die Blastomerbiopsie, bei welcher dem Embryo im 8-Zell-Stadium ein bis zwei Zellen entnommen werden. Obwohl dem Embryo dabei bis zu einem Viertel seiner Zellmasse entzogen wird, hat die Biopsie nach derzeitigem Erkenntnisstand keine Auswirkungen auf die Weiterentwicklung des Embryos (vgl. Hardy et al. 1990, Abstract).

Soussis et al. berichteten im Jahre 1996, dass sich die ersten 15 Kinder, die nach einer PID geboren wurden, normal entwickelten und gesund waren (vgl. Soussis et al. 1996, Abstract). Soweit heute bekannt, werden Embryonen durch eine Zellentnahme nachhaltig nicht geschädigt (vgl. Kollek 2002, 53) und die Embryobiopsie verläuft in 97 % der Fällen erfolgreich (vgl. ESHRE PGD Consortium Steering Committee 1999, 3141). Nach Angaben des ESHRE PGD Consortiums fanden sich keine signifikanten Unterschiede in der Mehrlingsrate, beim Geburtsgewicht und bei der Fehlbildungsrate zwischen Kindern, die nach einer PID oder nach einer ICSI geboren wurden (vgl. ESHRE PGD Consortium Steering Committee 2000, 2681).

Aufgrund der noch relativ kurzen Erfahrungen mit der PID können heutzutage jedoch nur vorläufige Aussagen zu potentiellen Schädigungen gemacht werden, die durch eine Zellentnahme auftreten können (vgl. Kollek 2002, 53).

2.4.2.3 Fehldiagnosen

Bei der PID kann es zu Fehldiagnosen kommen. Es wird daher in etwa 50 % der Fälle zur Bestätigung der Diagnose zusätzlich noch während der Schwangerschaft eine invasive PND durchgeführt (vgl. ESHRE PGD Consortium Steering Committee 2002, 244). Nach einer Datensammlung des ESHRE PGD Consortiums von Mai bis Dezember 2001 beträgt der Anteil der Fehldiagnosen bei einer PID ca. 4 %, mit einer Fehlerquote von etwa

8 % für die PCR und ca. 2 % für die FISH (vgl. ebd. 2005, 29). In der Literatur werden für die PCR Fehlerquoten bis zu 36 % angegeben (vgl. Findlay et al. 1995, 1609; Murray et al. 1999, 35). Nach Untersuchungen von Munné und Kollegen (1994, 375) beträgt die Fehlerrate bei der FISH etwa 5 %.

Durch Verunreinigungen mit Fremd-DNA und durch den so genannten Allel-Ausfall (engl. Allele Drop Out, kurz: ADO), bei dem nur eines der beiden Allele erfolgreich amplifiziert wird (vgl. Lissens/Sermon 1997, 1756), kann es bei der PCR zu fehlerhaften Ergebnissen kommen (vgl. Lewis et al. 2001, 43). Das Problem des Allel-Ausfalls tritt v.a. bei der PCR-Analyse von nur einer embryonalen Zelle auf und führt zu Fehldiagnosen von heterozygoten Embryonen. Ein ADO war bei drei Fällen von nicht-diagnostizierter zystischer Fibrose verantwortllich (vgl. vgl. Harper et al. 2001, 166-67).

Die hochsensitive fluoreszente PCR-Methode basiert auf der Verwendung von fluoreszenzmarkierten Primern oder Nukleotiden, welche mit Hilfe eines Lasersanalysesystems detektierbare Produkte liefern (vgl. Harper et al. 2001, 178). Diese Methode weist gegenüber der Standard-PCR-Analyse eine viel höhere Sensitivität auf, was einen enormen Zeitgewinn zur Folge hat. Mit Hilfe dieses Verfahrens kann auch die ADO-Rate deutlich reduziert werden (vgl. Lissens/Sermon 1997, 1757-58).

Der Vorteil der FISH gegenüber der PCR ist, dass Kontaminationen durch Fremd-DNA weniger häufig auftreten (vgl. Harper et al. 2001, 169). Der Nachteil dieser Methode ist jedoch die gelegentlich vorkommende embryonale Mosaikbildung (vgl. Munné et al. 1994, 373-79). Dies bedeutet, dass sich die einzelnen Embryonalzellen in ihrem Chromosomenmuster unterscheiden können. Wird also bei einer entnommenen Zelle ein normales Chromosomenmuster festgestellt, kann nicht mit letzter Sicherheit ausgeschlossen werden, dass auch die anderen embryonalen Zellen keine Chromosomenaberrationen aufweisen (vgl. Kollek 2002, 47).

Mit Hilfe der komparativen Genom-Hybridisierung (engl. Comparative Genome Hybridization, kurz: CGH), ein mit der FISH vergleichbares Verfahren, kann das Chromosomenmuster einer Zelle mit einer anderen verglichen werden, von welcher bekannt ist, dass eine normale Chromosomenanzahl vorliegt (vgl. NER 2003, 28). Im Gegensatz zur FISH, können mit diesem neueren Verfahren alle Chromosomenstörungen festgestellt werden (vgl. Kollek 2002, 52; Munné 2006, 235).

Die Diagnosesicherheit kann durch die Untersuchung von zwei Zellen erhöht werden (vgl. Lewis et al. 2001, 43). Die im Laufe der Jahre gesammelten Erfahrungen und auch die aufgetretenen Fehler haben eine deutliche Verringerung der Fehlerraten zufolge. In der Datensammlung des

ESHRE PGD Consortiums im Jahr 2004 wurde nur noch von drei Fehldiagnosen berichtet (vgl. ESHRE PGD Consortium Steering Committee 2008, 753). Zur Überprüfung des Diagnoseergebnisses wird den Eltern jedoch immer noch zu einer PND angeraten (vgl. Ziegler 2004, 46).

2.5 Aktuelle Statistik des ESHRE PGD Consortiums zur PID

Die „Europäische Gesellschaft für Human-Reproduktion und Embryologie", kurz ESHRE, wurde 1984 von Professor Robert Edwards und Dr. Jean Cohen als Non-Profit-Organisation gegründet. Ihr Hauptziel ist es, das Interesse für die Reproduktionsbiologie und -medizin zu wecken bzw. das Verständnis dafür zu fördern. Ebenso soll die klinische Praxis auf diesem Gebiet verbessert werden (vgl. ESHRE o.J.).

Das ESHRE PGD Consortium wurde 1997 während einer ESHRE-Zusammenkunft ins Leben gerufen. Die Hauptaufgabe des Konsortiums besteht in der Datensammlung der weltweit durchgeführten PID-Zyklen und deren Auswertung (vgl. Harper et al. 2001, 253). Die nachfolgend verwendeten Angaben beziehen sich auf die im Jahr 2008 veröffentlichte internationale Erhebung des ESHRE PGD Consortiums (2008, 741-55) und sind zum besseren Verständnis in Tabelle 5 auf der folgenden Seite dargestellt.

Im Jahr 2004 wurden weltweit 3358 Behandlungszyklen begonnen. Das Durchschnittsalter der Frauen betrug 36 Jahre (vgl. ebd., 742). Aus 41964 entnommenen Eizellen entstanden 526 Schwangerschaften, die zu 456 Geburten mit 557 Kindern führten (vgl. ebd., 751). Für 35,5 % der PID-Untersuchungen (1192 Zyklen) lag als Indikation eine monogenetische Erkrankung oder eine Chromosomenstörung vor (angegeben als „PID"). In 62 % der PID-Zyklen (2087) war es das Ziel, Chromosomenaberrationen zu identifizieren, in den meisten Fällen zur Effizienzsteigerung der IVF (angegeben als „Aneuploidie-Screening"). Mit 2,5 % (79 Zyklen) bildete die Geschlechtsauswahl aus sozialen Gründen den geringsten Anteil (angegeben als „social sexing") (vgl. ebd.). Der Anteil des Aneuploidie-Screenings hat sich im Vergleich zum vorigen Jahr um 4,3 % erhöht (vgl. ebd. 2007, 325).

Die 526 klinischen Schwangerschaften lassen sich in 398 Einlings-, 119 Zwillings-, 7 Drillings- und 2 Vierlingsschwangerschaften unterteilen. Nach dem ersten Schwangerschaftsdrittel bestanden noch 470 Schwangerschaften fort. Während des zweiten Drittels kam es zum Verlust von 12 Schwangerschaften. Schließlich kam es zu 456 Geburten mit 557 Kindern. Der Mehrlingsanteil betrug 36 % (vgl. ebd. 2008, 751).

Bei 47,4 % der Feten wurde eine invasive PND zur Überprüfung des PID-Ergebnisses durchgeführt (vgl. ebd., 752).

Ergebnisse der PID-Anwendung in 45 Zentren weltweit im Jahre 2004

Indikation	PID	„Aneuploidie-Screening"	„Social sexing"
Behandlungszyklen (3358 insgesamt)	1192	2087	79
Gewonnene Eizellen	16715	24029	1220
Befruchtete Eizellen	10016	13711	644
Biopsierte Embryonen	7407	11751	478
Erfolgreich biopsiert	7364	11605	461
Biopsieschaden	43	146	17
Genetische Diagnostik	6713	10938	445
Transferierbare Embryonen	2429	4002	113
Transferierte Embryonen (4248 insgesamt)	1515	2641	92
Eingefrorene Embryonen	333	515	25
Klinische Schwangerschaften (665 Feten insgesamt)	526		
Geburten	456 (557 lebend geborene Kinder)		
(36% Mehrlinge)	357 Einlinge	97 Zwillinge	2 Drillinge
Baby-take-home-Rate (Anzahl der Geburten pro Anzahl der begonnenen Behandlungs Zyklen in Prozent)	13,6 %		
Überprüfung mittels invasiver PND	47,4 %		
Fehldiagnosen	3		

Tabelle 5: Internationale Erhebung des ESHRE PGD Consortiums zur PID im Jahr 2004

(In Anlehung an: ESHRE PGD Consortium Steering Committee 2008, 742)

Als „Baby-take-home-Rate" lässt sich ein Wert von 13,6 % ermitteln (456 Geburten/3358 Zyklen). Sie gibt die Wahrscheinlichkeit der Kinderwunscherfüllung eines Paares (einer Frau) an, wenn die Frau einen IVF-bzw. PID-Zyklus beginnt (vgl. EK 2002, 56). Die „Baby-take-home-Rate" gibt die statistisch erfassten Lebendgeburten nach einer künstlichen Befruchtung bzw. PID an (vgl. DIR 2007, 10) und bezeichnet somit die Erfolgsquoten bei der extrakorporalen Befruchtung bzw. PID. Liegt der ermittelte Wert zwischen 13- und 15 % so bedeutet dies, dass sich nur bei jeder siebenten Frau der Kinderwunsch erfüllt (vgl. EK 2002, 56).

Das DIR verzeichnet für 2006 einen Wert von ca. 17 % bei IVF bzw. ICSI (vgl. DIR 2007, 10). Der ermittelte Wert für die „Baby-take-home-Rate" bei einer PID liegt also unter jenem, den das DIR 2007 für das Jahr 2006 angibt.

2.6 Zusammenfassung

Die PID ist eine moderne vorgeburtliche Diagnostikmethode. Anders als bei der PND können mit Hilfe dieses Verfahrens genetische Belastungen schon vor der Etablierung einer Schwangerschaft festgestellt werden. Voraussetzung für die PID ist die IVF, damit die Embryonen extrakorporal vorliegen. Die gängigste Methode der PID ist die Blastomerbiopsie. Dabei werden dem Embryo – meist im 8-Zell-Stadium – ein bis zwei Zellen entnommen und molekulargenetisch untersucht. In diesem Stadium können die Blastomeren jedoch noch totipotent sein, womit sich eine Unverträglichkeit mit dem deutschen ESchG ergibt.

Diejenigen Embryonen, die nicht genetisch belastet sind, werden dann in den Mutterleib übertragen, genetisch defekte Embryonen hingegen verworfen. Zur Absicherung der Diagnose wird meist eine PND durchgeführt, da es bei der PID zahlreiche Fehlermöglichkeiten gibt. Die PID befindet sich also immer noch im Experimentierstadium. Bei maternal bedingten Erbkrankheiten besteht auch die Möglichkeit der Polkörperchendiagnostik, bei der die Polkörper reifer Eizellen genetisch untersucht werden. Der Vorteil dieses Verfahrens besteht darin, dass die Untersuchung an Eizellen durchgeführt wird, bevor eine Kernverschmelzung stattgefunden hat. Diese Technik kann daher nach dem ESchG praktiziert werden.

Angewendet wird die PID insbesondere bei Hochrisikopaaren, bei denen eine bekannte genetische Belastung vorliegt und somit die Wahrscheinlichkeit groß ist, dass diese Krankheit auch auf die Nachkommen übertragen wird. Darüber hinaus wird sie auch bei altersbedingten Chromosomenanomalien durchgeführt und zur Effizienzsteigerung der IVF eingesetzt. Zielgruppe sind hier v.a. Frauen über 35 Jahre, die sich aufgrund von Fruchtbarkeitsproblemen einer IVF unterziehen wollen. Problematisch ist die Legitimität einiger Anwendungsziele der PID wie z.B. die Auswahl immunkompatibler Embryonen oder die Geschlechtsselektion ohne medizinische Indikation.

Bei der PID handelt es sich um ein technisch aufwendiges Verfahren, bei dem es immer wieder zu Fehldiagnosen kommt. Auch einige Risiken und Probleme sind mit dieser Technik verbunden, nicht zuletzt auch aufgrund der Notwendigkeit der IVF.

3 Rechtswissenschaftlicher Teil

Die PID wird derzeit hierzulande nicht durchgeführt. Ein wichtiger Grund dafür ist, dass es an einer entsprechenden Regelung der PID fehlt und Juristen auf Interpretationen des deutschen ESchG angewiesen sind (vgl. Böcher 2004, 21). Mehrheitlich wird jedoch die Auffassung vertreten, dass die PID nach dem 1990 verabschiedeten EschG verboten ist.

In einem Überblick sollen zunächst Ziele und Inhalte des ESchG vorgestellt werden. Dies ist wichtig für das Verständnis der anschließenden Interpretation dieses Gesetzes in Bezug auf die PID. Des Weiteren soll in einem kurzen Abschnitt auf den Widerspruch zwischen § 218a StGB und ESchG eingegangen werden: es erscheint in der Debatte um die PID häufig widersprüchlich, dass extrakorporal erzeugte Embryonen oder totipotente Embryonalzellen einen so weitreichenden strafrechtlichen Schutz genießen, wohingegen eine Abtreibung unter bestimmten Bedingungen auch noch in einem späteren Schwangerschaftsstadium straffrei vorgenommen werden kann (vgl. Kollek 2002, 204). Ein Abriss über den grundrechtlich verankerten Schutz des ungeborenen menschlichen Lebewesens in Deutschland rundet das erste Kapitel ab.

Im Hinblick auf die rechtliche Regelung der PID existieren in den einzelnen Ländern deutliche Unterschiede. Linda Nielsen (1996, 325-27) unterscheidet vier verschiedene Vorgehensweisen bei der Regelung für menschliche Embryonen und damit auch für die PID (je nachdem ob der Staat viel oder wenig eingreift): die verbietende, die behutsam regulierende, die liberal regulierende und die Laisser-faire-Vorgehensweise.

Verboten ist die PID in den deutschsprachigen Ländern. Einer *behutsam regulierenden Vorgehensweise* folgen die skandinavischen Länder und Frankreich (vgl. ebd., 326-27). Die PID ist in Dänemark beispielsweise per Gesetz grundsätzlich verboten. Im Falle eines erheblichen Risikos für eine Erbkrankheit wird jedoch eine Ausnahme gemacht und eine PID kann durchgeführt werden (vgl. Simon 1999, 64). Spanien und Großbritannien haben eine *liberal regulierende Vorgehensweise* gewählt (vgl. Nielsen 1996, 327). In Großbritannien gilt z.B. die Methode der Lizenzierung. Eine zentrale staatliche Behörde, die Human Fertilization and Embryology Authority (HFEA), vergibt an geeignete Institutionen unter bestimmten Voraussetzungen Behandlungs- und Forschungsgenehmigungen (vgl. Bastijn 1999, 73). Eine *Laisser-faire-Vorgehensweise*, bei welcher nahezu keine gesetzlichen Vorgaben vorhanden sind, findet sich in Italien, Griechenland und Belgien (vgl. Nielsen 1996, 327; Simon 1999, 66).

Den Abschluss des rechtswissenschaftlichen Teils der Studie soll nach der Darstellung der deutschen Rechtssituation ein Überblick über die gegenwärtige Rechtslage in ausgewählten Ländern bilden. Vorgestellt werden soll die rechtliche Situation in Großbritannien, Italien, Belgien, Israel und den USA.

Großbritannien ist deshalb von Interesse, da der Umgang mit den Möglichkeiten der Reproduktionsmedizin sehr liberal geregelt ist (vgl. Nielsen 1999, 327) und die PID hier Anfang der neunziger Jahre erstmals durchgeführt wurde (vgl. Spiewak 2005, 165). Belgien scheint interessant, da in diesem Land bis 2003 keinerlei gesetzliche Vorgaben vorhanden waren, welche die Forschung an Embryonen regelten. Das Gesetz schränkte die vergleichsweise „locker regulierende" Handhabung mit dem Umgang von menschlichen Embryonen jedoch kaum ein. Die PID darf dort durchgeführt werden und ist für ein großes Spektrum medizinischer Indikationen erlaubt (vgl. Hennen/Sauter 2004, 25). Daher reisen auch viele deutsche Paare jährlich nach Brüssel, um eine PID vornehmen zu lassen (vgl. Spiewak 2005, 164-65). Italien soll behandelt werden, da das dort geltende Fortpflanzungsmedizingesetz sehr restriktiv ist. Als außereuropäische Länder scheinen Israel und die USA interessant. Israel deswegen, weil dort extrakorporal erzeugten Embryonen ein anderer ethischer Status zugeschrieben wird, als Embryonen, die auf natürlichem Wege gezeugt werden (vgl. Heyer/Dederer 2007, 76).

Abschließend soll die Rechtssituation in den USA vorgestellt werden, da die PID dort an einer Vielzahl von Kliniken durchgeführt wird. Regelungen zur PID bestehen nur auf der Ebene der einzelnen Bundesstaaten und die Handhabung der Praxis unterliegt ausschließlich der freiwilligen Selbstkontrolle der Mediziner (vgl. Hennen/Sauter 2004, 5).

3.1 Die Rechtslage in Deutschland

3.1.1 Ziele und Inhalte des deutschen Embryonenschutzgesetzes (ESchG)

Im Rahmen der extrakorporalen Befruchtung werden insbesondere die Menschenwürde, das Persönlichkeitsrecht der den Embryo austragenden Frau, der Gametenspender und das Leben und die körperliche Unversehrtheit des Embryos gefährdet oder beeinträchtigt . Um den Schutz dieser Rechtsgüter zu gewährleisten, verfolgt das ESchG sechs Teilziele (vgl. Keller et al. 1992, 81, 121):

- Die extrakorporale Befruchtung soll ausschließlich zu Fortpflanzungszwecken erlaubt sein.
- Fremdnützige Experimente mit in vitro vorliegenden menschlichen Embryonen sollen ausgeschlossen werden.
- Zum Wohle des Kindes soll eine gespaltene Mutterschaft unterbunden werden.
- Die Entstehung überzähliger Embryonen soll verhindert werden, damit es zu keiner missbräuchlichen Verwendung von Embryonen kommt.
- Der Einstieg in die Eugenik soll verhindert werden.
- Das Recht auf Selbstbestimmung über die eigene Fortpflanzung soll gewährleistet werden.

Die beiden zentralen Verbotsmaterien stellen die §§ 1 und 2 ESchG dar. § 1 ESchG stellt einzelne Fälle einer missbräuchlichen Anwendung von Fortpflanzungstechniken unter Strafe, die sich entweder auf den Vorgang der extrakorporalen Befruchtung oder auf die missbilligende Verwendung eines bereits erzeugten Embryos zu Fortpflanzungszwecken beziehen.

Ergänzend soll § 2 ESchG eine missbräuchliche Verwendung eines extrakorporal vorliegenden Embryos zu anderen als Fortpflanzungszwecken ausschließen. Die §§ 3-7 ESchG treten speziellen Formen fortpflanzungstechnischer und humangenetischer Manipulationen entgegen, die im Rahmen einer extrakorporalen Befruchtung möglich sind (vgl. Keller et al. 1992, 122). Einige Begriffsbestimmungen und Legaldefinitionen sind in § 8 ESchG enthalten (vgl. Böcher 2004, 66). Der straf- bzw. bußgeldbewehrte Arztvorbehalt der §§ 9-12 ESchG soll Gefahren für die Gesundheit von Embryo und austragender Frau ausschließen, indem eine IVF, sowie eine Konservierung von Vorkernstadien nur von Ärzten vorgenommen werden darf (vgl. Keller et al. 1992, 64; 123).

Unter Strafandrohung explizit verboten sind die missbräuchliche Anwendung von Fortpflanzungstechniken (§ 1 ESchG), die missbräuchliche Verwendung menschlicher Embryonen (§ 2 ESchG), die Geschlechtsauswahl bei Samenzellen ohne medizinische Indikation (§ 3 ESchG), das Vornehmen einer extrakorporalen Befruchtung und Embryoübertragung ohne Einwilligung der Frau oder des Mannes, von welchen die Keimzellen stammen oder die IVF nach dem Tode eines Mannes (§ 4 ESchG), die künstliche Veränderung menschlicher Keimbahnzellen (§ 5 ESchG), das Klonen (§ 6 ESchG), sowie die Chimären- und Hybridbildung (§ 7 ESchG), also die Vereinigung von Zellen verschiedener Embryonen oder die Vermischung von menschlichen und tierischen Keimzellen (vgl. Keller et al. 1992, 239). Die IVF und Konservierung von Vorkernstadien darf nur von einem Arzt vorgenommen werden (§ 9 ESchG).

Zusammenfassend ist das wichtigste Ziel des Gesetzes, die Forschung an menschlichen Embryonen zu verhindern und einer Entstehung von überschüssigen Embryonen bei der Verwendung reproduktionsmedizinischer Techniken vorzubeugen (vgl. Ziegler 2004, 98).

3.1.2 Interpretation des ESchG in Bezug auf die PID

Die PID ist durch das ESchG vom 13. Dezember 1990 nicht eindeutig geregelt. Es besteht kein ausdrückliches Verbot, da es diese Methode zum Zeitpunkt der Gesetzgebung noch nicht gab. Erstmals erfolgreich durchgeführt wurde die PID Anfang der neunziger Jahre in Großbritannien (vgl. Spiewak 2005, 165).

Folgende Paragraphen sind für die PID von Bedeutung (vgl. Kollek 2002, 192; Schmidt 2003, 59-60; Ziegler 2004, 98):

§ 1 Missbräuchliche Anwendung von Fortpflanzungstechniken

Abs. 1 Nr. 2

„Mit Freiheitsstrafe bis zu drei Jahren oder mit Geldstrafe wird bestraft, wer es unternimmt, eine Eizelle zu einem anderen Zweck künstlich zu befruchten, als eine Schwangerschaft der Frau herbeizuführen, von der die Eizelle stammt."

Abs. 1 Nr. 3

„Mit Freiheitsstrafe bis zu drei Jahren oder mit Geldstrafe wird bestraft, wer es unternimmt, innerhalb eines Zyklus mehr als drei Embryonen auf eine Frau zu übertragen."

Abs. 1 Nr. 5

„Mit Freiheitsstrafe bis zu drei Jahren oder mit Geldstrafe wird bestraft, wer es unternimmt, mehr Eizellen einer Frau zu befruchten, als ihr innerhalb eines Zyklus übertragen werden sollen."

§ 2 Missbräuchliche Verwendung menschlicher Embryonen

Abs. 1

„Wer einen extrakorporal erzeugten oder einer Frau vor Abschluß seiner Einnistung in der Gebärmutter entnommenen menschlichen Embryo veräußert oder zu einem nicht seiner Erhaltung dienenden Zweck abgibt, erwirbt oder verwendet, wird mit Freiheitsstrafe bis zu drei Jahren oder mit Geldstrafe bestraft."

§ 6 Klonen

Abs. 1

„Wer künstlich bewirkt, daß ein menschlicher Embryo mit der gleichen Erbinformation wie ein anderer Embryo, ein Foetus, ein Mensch oder ein Verstorbener entsteht, wird mit Freiheitsstrafe bis zu fünf Jahren oder mit Geldstrafe bestraft."

§ 8 Begriffsbestimmung

Abs. 1

„Als Embryo im Sinne dieses Gesetzes gilt bereits die befruchtete, entwicklungsfähige menschliche Eizelle vom Zeitpunkt der Kernverschmelzung an, ferner jede einem Embryo entnommene totipotente Zelle, die sich bei Vorliegen der dafür erforderlichen weiteren Voraussetzungen zu teilen und zu einem Individuum zu entwickeln vermag."

Nachfolgend sollen die einzelnen Paragraphen näher erläutert und mit der PID in Zusammenhang gebracht werden.

3.1.2.1 Missbräuchliche Verwendung von Fortpflanzungstechniken

In § 1 ESchG wird die Anwendung von Fortpflanzungstechniken geregelt. Nach § 1 Abs. 1 Nr. 2 ESchG wird derjenige bestraft, der eine extrakorporale Befruchtung bewirkt, ohne die Schwangerschaft einer Frau herbeiführen zu wollen. Menschliche Embryonen dürfen also nicht zum Zwecke der Forschung erzeugt werden (vgl. Keller et al. 1992, 154).

Es wird die Auffassung vertreten, dass bei der PID die Befruchtung der Eizellen nicht mit der ausschließlichen Absicht erfolge, eine Schwangerschaft bei der Frau herbeizuführen, sondern um den Embryo genetisch zu untersuchen und erst danach zu entscheiden, ob eine Schwangerschaft veranlasst werden solle (vgl. Schneider 2005, 330).

Zunächst stellt sich daher die Frage, ob das vorrangige Ziel der PID die Schwangerschaft der Frau oder die Aussortierung der genetisch belastenden Embryonen ist. Kollek (2002, 192) ist der Ansicht, dass die PID darauf abzielt, Embryonen zu verwerfen. Ihrer Meinung nach „werden Embryonen erzeugt, deren Implantation gerade vermieden werden soll" (ebd.).

Die Lübecker Ethikkommission vertritt die gleiche Auffassung: „Das Gesetz verbietet expressis verbis die PID, da die Auswahl bzw. damit auch die ‚Verwerfung' kranker Embryonen das Ziel der Methode darstellt" (Oehmichen 1999, 20).

Auch Böcher schließt sich dieser Meinung an: „Ihr Zweck [der Zweck der PID] besteht viel mehr darin, eine Selektion anhand des genetischen Befunds zu ermöglichen und dabei die defekten Embryonen vom Transfer auszuschließen" (Böcher 2004, 77).

Von Befürwortern der PID wird eingewandt, dass das allerletzte Ziel der PID ja in der Herbeiführung einer Schwangerschaft liegt (vgl. Bioethik-Kommission des Landes Rheinland-Pfalz 1999, 57). Dass der Embryotransfer von weiteren Voraussetzungen abhängig gemacht werde, schließe die entsprechende Zielsetzung nicht aus (vgl. Wissenschaftlicher Beirat der BÄK 2001, 1-2).

In der Diskussion stehen sich also zwei gegensätzliche Auffassungen über das primäre Ziel der PID gegenüber. Das Endziel der PID ist eine Schwangerschaft. Allerdings geht es nicht um eine beliebige Schwangerschaft, sondern um eine mit einem Kind, das ein bestimmtes Merkmal nicht aufweist. Damit jedoch keine pathologischen Embryonen transferiert werden, bedarf es der vorherigen Selektion (vgl. Böcher 2004, 79). Die PID hat also zwei gleichrangige Ziele. Zum einen die Herbeiführung einer Schwangerschaft und zum anderen die Selektion. Diese Ziele lassen sich nicht voneinander trennen. Es stellt sich dann jedoch die Frage, welches der beiden Ziele von größerer Bedeutung ist (vgl. Ziegler 2004, 107).

§ 1 Abs. 1 Nr. 5 ESchG ist für die praktische Durchführung der PID von enormer Wichtigkeit. Nach diesem Paragraphen dürfen nicht mehr Eizellen einer Frau befruchtet werden, „als ihr innerhalb eines Zyklus übertragen werden sollen" (§ 1 Abs. 1 Nr. 5). Nach § 1 Abs. 1 Nr. 3 sind das also höchstens drei. Das verbietet zwar keine Durchführung der PID, jedoch ist es für eine effiziente PID wichtig, mehrere Eizellen zur Verfügung zu haben, damit ausreichend „gesunde" Embryonen für den Transfer zur Verfügung stehen (vgl. dazu auch die Ausführungen unter 2.2.1 „Extrakorporale Befruchtung"). Die Verwendung von nur drei Eizellen reduziert also deutlich die Erfolgsaussichten der PID.

Im Kommentar zum EschG äußern sich Keller et al. zu § 1 Abs. 1 Nr. 5 folgendermaßen: „Nach dem Gesetzeswortlaut kommt es nicht darauf an, wie viele Eizellen befruchtet werden sollen, sondern was mit den zu befruchtenden Eizellen geschehen soll" (Keller et al. 1992, 170).

Eine PID ist also nach diesem Paragraphen nicht verboten, wenn alle Eizellen mit der Absicht befruchtet werden, diese auch später auf die Frau zu übertragen. Bei einer Befruchtung von mehr als drei Eizellen, was für die Durchführung der PID unvermeidlich ist, wird nur gegen § 1 Abs. 1 Nr. 3 verstoßen. Besteht jedoch die Absicht, die als „krank" erkannten Embryonen später auszusortieren, greift § 1 Abs. 1 Nr. 5 (vgl. Böcher 2004, 83).

3.1.2.2 Missbräuchliche Verwendung menschlicher Embryonen

§ 2 Abs. 1 EschG verbietet die Verwendung eines Embryos zu einem nicht seiner Erhaltung dienenden Zweck. Im Rahmen der PID werden dem Embryo meist im 8-Zell-Stadium ein bis zwei Zellen entnommen und anschließend genetisch untersucht. Durch das Untersuchungsverfahren werden diese Zellen unvermeidlich zerstört. Ist die bei der Biopsie entnommene Zelle totipotent (vgl. die Ausführungen unter 2.1.2 „Zur Totipotenz der embryonalen Zellen"), kommt sie nach § 8 Abs. 1 EschG einem Embryo gleich und die PID verstößt gegen § 2 Abs. 1 EschG.

Bei Juristen besteht Einverständnis darüber, dass die PID unter Verwendung totipotenter Embryonalzellen verboten ist (vgl. Laufs 1999, 55). Es stellt sich nun jedoch die Frage, wann genau die Totipotenz menschlicher Embryonalzellen endet, da der Gesetzgeber dazu keine genauen Angaben gemacht hat. Nach derzeitiger Kenntnis sind im 8-Zell-Stadium zumindest einige der Blastomeren noch als totipotent einzustufen (vgl. die Ausführungen unter 2.1.2 „Zur Totipotenz der embryonalen Zellen"). Die Lübecker Ethikkommission und auch die BÄK sind daher der Auffassung, dass eine PID nach dem 8-Zell-Stadium gesetzlich erlaubt sei (vgl. Oehmichen 1999, 20; BÄK 2000, 528).

Nur im Hinblick auf die Totipotenz der Embryonalzellen wäre eine PID also nach geltendem Recht beispielsweise an Embryonen in einem späteren Entwicklungsstadium möglich. Die Biopsie könnte z.B. an Trophoblastenzellen der Blastozyste erfolgen, wenn der „Restembryo" durch diese Prozedur keinen Schaden nimmt (vgl. Laufs 1999, 56). Allerdings weist die PID in einem späteren Entwicklungsstadium eine deutlich geringere Erfolgsquote auf. Im Ausland wird sie daher meist im 6- bis 10-Zell-Stadium durchgeführt (vgl. Ziegler 2004, 104).

Abschließend lässt sich festhalten, dass eine PID unter Verwendung von Zellen, die nicht mehr totipotent sind, nach § 2 Abs. 1 ESchG erlaubt ist, da in diesem Fall kein Embryonenverbrauch erfolgt (vgl. Hepp 2000, 1216).

3.1.2.3 Klonen

Bei der PID erfolgt die Embryobiopsie und damit die Entnahme einer oder zweier embryonalen Zellen meist im 8-Zell-Stadium. Werden dem Embryo dabei totipotente Zellen abgespalten, könnte dies einen Verstoß gegen das Klonverbot in § 6 Abs. 1 ESchG darstellen (vgl. Böcher 2004, 86). Klonen bedeutet, dass ein menschlicher Embryo mit der gleichen Erbinformation wie ein anderer Embryo, ein Fetus, ein Mensch oder ein Verstorbener, künstlich hergestellt wird (vgl. Keller et al. 1992, 235).

Da nach § 8 Abs. 1 ESchG jede totipotente Zelle ebenfalls als Embryo zu betrachten ist, würde bei der Abtrennung einer solchen Zelle, ein zu dem ursprünglichen Embryo genetisch identischer Klon entstehen (vgl. Kollek 2002, 201; Taupitz 2004, 97). Daher besteht weitgehendes Einvernehmen, dass der nach § 6 Abs. 1 ESchG verbotene Tatbestand des Klonens durch die Entnahme einer totipotenten Zelle zu diagnostischen Zwecken, verwirklicht wäre (vgl. Keller et al. 1992, 208; Laufs 1999, 56; Böcher 2004, 88; Taupitz 2004, 97).

3.1.3 Zur Frage des Wertungswiderspruchs zwischen ESchG und der Schwangerschaftsabbruchsregelung gemäß den §§ 218ff. StGB

In der Debatte um die PID erscheint es häufig widersprüchlich, dass *in vitro* erzeugten Embryonen durch das ESchG eine höhere Schutzwürdigkeit zuerkannt wird als dem Embryo bzw. Fetus *in vivo*, der auch noch in einem späteren Schwangerschaftsstadium nach einer Pflichtberatung straffrei abgetrieben werden darf (vgl. Kollek 2002, 204; Neidert 2002, 40; Böcher 2004, 131).

Folgende Abschnitte aus den §§ 218ff. StGB sind für die Diskussion von Bedeutung (vgl. Schmidt 2003, 64):

§ 218 Schwangerschaftsabbruch

Abs. 1

„Wer eine Schwangerschaft abbricht, wird mit Freiheitsstrafe bis zu drei Jahren oder mit Geldstrafe bestraft. Handlungen, deren Wirkung vor Abschluß der Einnistung des befruchteten Eies in der Gebärmutter eintritt, gelten nicht als Schwangerschafsabbruch im Sinne dieses Gesetzes."

§ 218a Straflosigkeit des Schwangerschaftsabbruchs

Abs. 1 Nr. 1, 2 und 3

„Der Tatbestand des § 218 ist nicht verwirklicht, wenn

1. die Schwangere den Schwangerschaftsabbruch verlangt und dem Arzt durch eine Bescheinigung nach § 219 Abs. 2 Satz 2 nachgewiesen hat, dass sie sich mindestens drei Tage vor dem Eingriff hat beraten lassen,

2. der Schwangerschaftsabbruch von einem Arzt vorgenommen wird und

3. seit der Empfängnis nicht mehr als zwölf Wochen vergangen sind."

Abs. 2

„Der mit Einwilligung der Schwangeren von einem Arzt vorgenommene Schwangerschaftsabbruch ist nicht rechtswidrig, wenn der Abbruch der Schwangerschaft unter Berücksichtigung der gegenwärtigen und zukünftigen Lebensverhältnisse der Schwangeren nach ärztlicher Erkenntnis angezeigt ist, um eine Gefahr für das Leben oder die Gefahr einer schwerwiegenden Beeinträchtigung des körperlichen oder seelischen Gesundheitszustandes der Schwangeren abzuwenden, und die Gefahr nicht auf eine andere für sie zumutbare Weise abgewendet werden kann."

Nach §§ 218ff. StGB ist der strafrechtliche Schutz des ungeborenen menschlichen Lebens an eine Schwangerschaft gebunden, also an eine besondere symbiotische Beziehung zwischen dem Embryo und der Schwangeren. Er besteht *in vivo* erst mit Abschluss der Implantation des Embryos (§ 218 Abs. 1 StGB) (vgl. Keller et al. 1992, 57).

Befürworter der PID sehen einen erheblichen Wertungswiderspruch zwischen verbotener PID und erlaubtem späten Schwangerschaftsabbruch gemäß § 218a Abs. 2 StGB und fordern analog zu den §§ 218ff. StGB in Ausnahmefällen eine Zulassung der PID (vgl. Böcher 2004, 131). Auch die Bioethik-Kommission des Landes Rheinland-Pfalz empfindet es als diskrepant, dass erblich belastete Embryonen in einem frühen Entwicklungsstadium nicht selektiert, jedoch weiter entwickelte Embryonen bzw. Feten mit einer genetischen Krankheit rechtmäßig abgetrieben werden dürfen:

> Es wäre ein Wertungswiderspruch, den Paaren, bei denen das Risiko der Übertragung eines Gendefekts festgestellt wurde, die Präimplantationsdiagnostik aus Rechtsgründen zu verwehren und dann diesen Paaren gleichwohl die Durchführung der Pränataldiagnostik zu erlauben, die im Fall einer festgestellten Indikationslage zum Schwangerschaftsabbruch führen kann.

> (Bioethik-Kommission des Landes Rheinland-Pfalz 1999, 56)

Keller et al. geben bezüglich des Wertungswiderspruchs zu bedenken, dass es sich bei der PID und dem Schwangerschaftsabbruch um strukturell ungleiche Sachverhalte handele:

> Bezüglich eines generellen Wertungswiderspruchs zwischen kategorischen strafbewehrten Verboten der Embryonenforschung einerseits, strafrechtlicher Duldung der Nidationsverhütung und des Schwangerschaftsabbruchs andererseits sind die Unterschiede der jeweiligen Interessenkollisionen zu bedenken.

> (Keller et al. 1992, 87)

Ihrer Ansicht nach müssen Embryonenforschung und Abtreibungsrecht also getrennt voneinander betrachtet werden. Die Embryonenforschung steht in diesem Zusammenhang für die PID, da dieses Verfahren aus der Embryonenforschung resultiert und im Verlauf der PID Embryonen in großem Umfang aussortiert und verworfen werden (vgl. Ziegler 2004, 114).

Sie vertreten außerdem die Meinung, dass dem Schwangerschaftsabbruch eine aus der einzigartigen körperlichen Verbindung zwischen der Schwangeren und dem Embryo resultierende Konfliktsituation zugrunde liegt (vgl. Keller et al. 1992, 87). Bei der PID fehlt solch eine besondere Verbindung zu dem Ungeborenen und die von Keller et al. erwähnte Konfliktsituation besteht bei der Tötung eines *in vitro* vorliegenden Embryos nicht (vgl. Küpker/Diedrich 2002, 67). Im Falle der PID kann also nicht von einer subjektiven Notlage gesprochen werden, da sich der Embryo nicht *in vivo*, sondern in der Hand Dritter (Biologe und/oder Ärzte) befindet (vgl. Hepp 2000, 1215).

Weiterhin kann angeführt werden, dass bei einer bestehenden Schwangerschaft, im Gegensatz zur PID, das Lebensinteresse der Frau in einen Konflikt mit dem Lebensrecht des Embryos treten kann. Danach ist eine Weiterführung der Schwangerschaft für die Frau unzumutbar und ein Abbruch bleibt somit straflos (vgl. Kollek 1999, 122).

Während es nach einer PND um die Entscheidung für oder gegen die Fortsetzung *einer* bereits bestehenden Schwangerschaft geht, zielt die PID auf die Selektion zwischen *mehreren Embryonen* ab. Der positive Aspekt, sich auch für die Weiterführung des menschlichen Lebens entscheiden zu können, fehlt hiermit (vgl. Mieth 2001, 113).

Zusammenfassend lässt sich also feststellen, dass es bei der PID nicht um die Reaktion auf einen bestimmten Konflikt geht, wie das bei der PND der Fall ist. Die Konfliktsituation wird stattdessen bewusst einkalkuliert und erst durch die der PID vorausgehenden IVF herbeigeführt (vgl. EK 2002, 102). Von einem Wertungswiderspruch kann daher nicht gesprochen werden, da die Sachverhalte sich signifikant unterscheiden (vgl. Böcher 2004, 131) und getrennt voneinander betrachtet werden müssen. Die Straffreiheit für den Schwangerschaftsabbruch kann also nicht als Rechtfertigung für die Zulassung von verbrauchender Embryonenforschung und PID dienen (vgl. Böcher 2004, 132; Ziegler 2004, 114). Keller et al. kommen zu dem gleichen Ergebnis:

> Daß die Rechtsordnung darauf verzichtet, schwangere Frauen mit dem Mittel des Strafrechts zu zwingen, Mutter zu werden, taugt deshalb nicht als Argument dafür, dem Forscher embryonenverbrauchende Experimente zu ermöglichen.
>
> (Keller et al. 1992, 87)

3.1.4 Der verankerte Schutz des frühen menschlichen Lebewesens im Grundgesetz

Im Grundgesetz findet sich als verfassungsrechtliche Zentralnorm Art. 1 Abs. 1 GG, der den Schutz und die Unverletzlichkeit der Menschenwürde gewährleistet. Gegner der verbrauchenden Embryonenforschung und der PID vertreten die Auffassung, dass der menschliche Embryo schon ab dem Zeitpunkt der Verschmelzung von Ei- und Samenzelle, also von der Kernverschmelzung an, von Art. 1 Abs. 1 GG geschützt ist. Ihrer Meinung nach stellt die Erzeugung von Embryonen unter Vorbehalt einen Verstoß gegen die Menschenwürde dar, da der Embryo nur als Mittel zum Zweck behandelt und zum bloßen Objekt herabgewürdigt werde (vgl. EK 2002, 103).

Dem wird entgegen gehalten, dass der extrakorporal erzeugte Embryo nicht nur als Objekt und Mittel zum Zweck behandelt werde, da IVF und PID nur mit dem Ziel erfolgen, eine Schwangerschaft herbeizuführen (vgl. Bioethik-Kommission des Landes Rheinland-Pfalz 1999, 57; Wissenschaftlicher Beirat der BÄK 2001, 2). Der Embryotransfer werde zwar noch von weiteren Voraussetzungen abhängig gemacht, was eine entsprechende Zielsetzung jedoch nicht ausschließe (vgl. Wissenschaftlicher Beirat der BÄK 2001, 1-2). Es kann daher zu dem Ergebnis gekommen werden, dass die PID mit dem grundsätzlichen Ziel der Implantation des Embryos kein Verstoß gegen die Menschenwürde darstellt (vgl. Hufen 2000, 3).

Weiterhin wird für eine Zulassung der PID argumentiert, dass der extrakorporal erzeugte Embryo in seinem frühen Entwicklungsstadium noch kein Träger der Menschenwürde sei, da es sich lediglich um einen undifferenzierten Zellhaufen handele (vgl. EK 2002, 103). Derzeit ist in der verfassungsrechtlichen Rechtsprechung nicht geklärt, ob und ab welchem Zeitpunkt dem Embryo Menschenwürde zukommt. Das Grundgesetz macht hierzu keinerlei Aussagen. Nach den Bestimmungen im ESchG beginnt menschliches Leben schon von der Kernverschmelzung an. Es kann also davon ausgegangen werden, dass dem Embryo ebenfalls ab diesem Zeitpunkt Menschenwürde zuerkannt werden kann (vgl. Bioethik-Kommission des Landes Rheinland-Pfalz 1999, 50).

In Art. 2 Abs. 2 GG wird das Recht auf Leben und der Lebensschutz proklamiert. Auch hier wird die Frage offen gelassen, ab wann der Schutzbereich für den Embryo eröffnet ist. Aus dem oben angeführten Grund, kann auch in diesem Fall darauf geschlossen werden, dass der Embryo von der Kernverschmelzung an Anspruch auf Lebensschutz hat (vgl. ebd.).

Gegner der PID stellen eine juristische Unverträglichkeit mit der PID und dem Art. 2 Abs. 2 GG fest, da das Recht auf Leben durch dieses Verfahren verletzt werde. Bei der Verwerfung von Embryonen und der Zerstörung von totipotenten Zellen im Rahmen der genetischen Diagnostik werde über menschliches Leben verfügt (vgl. EK 2002, 103). Des Weiteren erfolge im Rahmen der PID eine Selektion von genetisch geschädigten Embryonen. Einige davon werden sodann „als nicht lebenswert qualifiziert" (NER 2003, 83).

Der wissenschaftliche Beirat der Bundesärztekammer (2001, 2) unterstützt diese Meinung nicht. Im Hinblick auf die PID könne das Lebensrecht des Embryos mit der befürchteten gesundheitlichen Gefährdung der Frau in Konflikt treten. Eine Verwerfung von genetisch belasteten Embryonen sei somit gerechtfertigt. Während der PID bestehe noch keine Konfliktituation zwischen dem Lebensinteresse der Mutter und dem des Embryos, wie das bei einem Schwangerschaftsabbruch der Fall sei, da sich der Embryo nicht in vivo befindet. Die Konfliktlage sei jedoch vergleichbar und werde bei der PID lediglich vorweggenommen.

Darüber hinaus sehen Gegner der PID in der Verwerfung von genetisch belasteten Embryonen ebenfalls einen Verstoß gegen Art. 3 Abs. 3 GG, nach welchem eine Benachteiligung Behinderter verboten ist. Erbkranke Embryonen werden durch die Methode der PID einfach aussortiert und als „unwert" eingestuft (vgl. NER 2003, 83-84).

Hufen (2000, 3) argumentiert hingegen, dass durch die Methode der PID die Grundrechte von behinderten Menschen nicht tangiert werden und dieses Verfahren somit keinen Verstoß gegen Art. 3 Abs. 3 GG darstelle:

> Das Verbot der Benachteiligung Behinderter (Art. 3 Abs. 3 Satz 2 GG) ist hochrangig und durch eine Vielzahl staatlicher Maßnahmen zu verwirklichen, kann aber einen Verzicht auf die Verhinderung und Bekämpfung von Krankheiten, die zu Behinderungen führen, nicht rechtfertigen.
>
> (Hufen 2000, 3)

Der besondere Schutz von Ehe und Familie ist in Art. 6 GG enthalten. Hufen (ebd.) betont in diesem Zusammenhang, dass dieses Grundrecht sowohl den Kinderwunsch als auch die medizinisch indizierte IVF schütze. Für eine Zulassung der PID wird daher angeführt, dass Art.6 GG- und auch Art. 2 Abs. 1 GG (allgemeine Handlungsfreiheit) ebenfalls ein Recht auf Fortpflanzung beinhalten. Es könne Paaren daher nicht verwehrt werden, zur Zeugung von erbgesundem Nachwuchs auch die PID in Anspruch zu nehmen (vgl. EK 2002, 103).

Diese Auffassung lehnen die Gegner der PID ab. Aus dem Recht der Fortpflanzungsfreiheit könne keine Zulassung für die Methode der PID als eine weitere Maßnahme zur Familiengründung abgeleitet werden. Nur weil Eltern bzw. Paare dar Recht hätten, sich fortzupflanzen, könne damit noch lange nicht das Recht auf erbgesunden Nachwuchs gerechtfertigt werden (vgl. ebd.).

Das frühe menschliche Lebewesen wird also in Deutschland grundrechtlich unter Schutz gestellt. Nach Haker (2002, 169) ist die PID „grund-
rechtsrelevant", da neben dem Embryonenschutz einige bedeutende
Grundrechte betroffen sind. Zu nennen sind insbesondere das Recht auf
Leben und Gesundheit der Frau (Art. 2 Abs. 2 GG) und das Recht auf
Schutz der Ehe und Familie (Art. 6 GG). Aus diesen Grundrechten ergibt
sich also v.a. eine juristische Unverträglichkeit mit der PID.

3.2 Die Rechtssituation in Großbritannien

Die PID, die in Großbritannien bereits seit 1990 durchgeführt wird, ist dort
erlaubt, solange sie zur Erkennung schwerer Krankheiten oder spontan
auftretender Chromosomendefekte (Aneuploidien) eingesetzt wird (vgl.
Hennen/Sauter 2004, 78; Heyer/Dederer 2007, 33). Neuerdings darf sie
auch zur Auswahl immunkompatibler Embryonen (HLA-matching) eingesetzt werden, damit diese als potentielle Gewebespender von Knochenmark oder Nabelschnurblut für ein bereits geborenes, schwer erkranktes
„Geschwisterkind", fungieren können (vgl. Human Fertilisation and
Embryology Authority 2007a, kurz HFEA, 177; Lubbadeh 2008, 1). Der
Einsatz der PID zum Zweck der Geschlechtswahl des zukünftigen Grundes
ohne medizinische Indikation ist in Großbritannien verboten (vgl. HFEA
2007a, 151).

Der gesamte Bereich der Verwendung embryonalen Gewebes – und damit auch die PID – unterliegt einer speziell dafür zuständigen Behörde,
der Human Fertilisation and Embryology Authority (HFEA) (vgl. Bastijn
1999, 73; Hennen/Sauter 2004, 78). Sie ist für die Genehmigung der Forschung an Humanembryonen und die Überwachung der Reproduktionsmedizin verantwortlich, indem sie unter bestimmten Voraussetzungen
Behandlungs- oder Forschungslizenzen erteilt. Behandlungslizenzen
werden auch für die PID vergeben (vgl. ebd.). Zentren mit einer For-
schungsgenehmigung ist es sogar erlaubt, Embryonen zu Forschungszwecken zu erzeugen und bis zu 14 Tage nach der Befruchtung verbrau-
chend zu untersuchen (vgl. Bastijn 1999, 73; Heyer/Dederer 2007, 30).
Damit verfolgt Großbritannien eine liberal regulierende Vorgehensweise
(vgl. Nielsen 1996, 327).

Niedergelegt sind die britischen Bestimmungen zur Embryonenforschung
im Human Fertilisation and Embryology Act, der 1990 verabschiedet wurde (vgl. Hennen/Sauter 2004, 78). Dieser stützt sich weitgehend auf die
Empfehlungen des so genannten Warnock-Reports (vgl. Heyer/Dederer

2007, 29), eine vom Staat 1982 in Auftrag gegebene Untersuchung zum Thema Reproduktionsmedizin und Forschung an menschlichen Embryonen (vgl. Warnock 1985, 4). Die Mehrheit des Komitees spricht sich für die Embryonenforschung mittels befristeter Genehmigungen aus, die bis zu 14 Tage nach der Befruchtung erlaubt sein soll (vgl. Warnock 1985, 64, 81; Hennen/Sauter 2004, 78).

Ebenso ist seit 2007 auch die Gewinnung und Erforschung von Misch-Embryonen aus Tier und Mensch, so genannte Chimäre, in Großbritannien in Einzelfällen erlaubt (vgl. HFEA 2007b, 21).

3.3 Die Rechtssprechung in Italien

In Italien gab es mit dem im Jahr 2003 verabschiedeten, sehr restriktiven Fortpflanzungsmedizingesetz erstmals umfassende Regelungen auf dem Gebiet der Reproduktionsmedizin. Die Praxis der Reproduktionsmedizin ist seither erheblich eingeschränkt und die Durchführung der PID generell nicht erlaubt (vgl. Hennen/Sauter 2004, 92; Heyer/Dederer 2007, 36-37). Davor bestand in Italien keine explizite gesetzliche Regelung der PID. Sie galt zwar aufgrund eines ministeriellen Erlasses zur IVF von 1985 als nicht zulässig, jedoch war dieser Erlass nur für den Sektor der öffentlichen Kliniken einschlägig. Privat durfte die PID daher in Italien durchgeführt werden, was zu einem beachtlichen entsprechenden Angebot geführt hat (vgl. Hennen/Sauter 2004, 92).

Nach derzeitiger Rechtssprechung sind Experimente an menschlichen Embryronen verboten (Art. 13 Nr. 1). Es wird jedoch eine Ausnahme gemacht, wenn die Embryonenforschung der Therapie des Embryos dient und keine alternativen Methoden zur Verfügung stehen (Art. 13 Nr. 2). Des Weiteren ist nach Art. 13 Nr. 3. die Erzeugung von menschlichen Embryonen zum Zwecke der Forschung untersagt und es wird jegliche Technik verboten, welche das Erbgut des Embryos verändern oder vorbestimmen könnte. Ebenso sind das therapeutische Klonen und weitere Formen des Klonens, sowie die Herstellung von Chimären oder Hybriden nicht erlaubt (Art. 13 Nr. 4). Nach dem italienischen Fortpflanzungsmedizingesetz dürfen, wie in Deutschland auch, nicht mehr Embryonen künstlich erzeugt werden, als der Frau innerhalb eines Zyklus übertragen werden sollen (Art. 14 Nr. 2). Insgesamt ist es auch dort nicht gestattet, mehr als drei Embryonen pro IVF-Zyklus herzustellen. Nach Art. 14 Nr. 1 ist eine Abtreibung in Ausnahmefällen erlaubt, jedoch die Vernichtung von Embryonen verboten (vgl. Hennen/Sauter 2004, 96-97; Heyer/Dederer 2007, 37).

Die Zulässigkeit der PID ist nach diesem Gesetz umstritten. Einige Stimmen sind der Auffassung, dass die Durchführung der PID unter denselben Bedingungen zulässig sei wie ein Schwangerschaftsabbruch gemäß Art. 14 Nr. 1. Die Mehrzahl der Reproduktionsmediziner und Juristen gehen jedoch von einer Unzulässigkeit der PID nach geltender Rechtssprechung aus. Sie sind der Meinung, dass die PID v.a. durch Art. 13 Nr. 1 untersagt ist, da dieses Verfahren weder diagnostische, noch therapeutische Zwecke zum Schutz der Embryonalentwicklung verfolgt. Die Methode der PID zielt im Gegensatz darauf ab, Embryonen mit einer bestimmten genetischen Ausstattung zu identifizieren. Weist der Embryo dann bei der Untersuchung genetische Störungen auf oder zeigt er nicht das erwünschte erbliche Merkmal, so wird er nicht transferiert. Weiterhin wird in Art. 1 Nr. 1 festgelegt, dass die IVF nur zur Behandlung von Sterilität oder Infertilität gestattet ist. Eine PID sei auch deshalb schon verboten, da dies kein Ziel des Verfahrens darstelle (vgl. ebd.).

3.4   Die rechtliche Lage in Belgien

Nachdem bisher keine umfassende gesetzliche Regelung bestand, steht in Belgien seit 2003 ein Gesetz zur Forschung an Embryonen in vitro zur Verfügung. Danach ist die PID für ein breites Spektrum medizinischer Indikationen erlaubt (vgl. Hennen/Sauter 2004, 25).

In Belgien besteht eine relativ freizügige Regelung der Reproduktionsmedizin. Die Forschung an Embryonen kann bis zu 14 Tage nach der Befruchtung durchgeführt werden, falls sie therapeutische Zwecke verfolgt oder die Kenntnisse über Fruchtbarkeit, Sterilität, Organ- und Gewebetransplantation oder die Prävention oder Behandlung von Krankheiten verbessert (vgl. ebd., 26). Verboten ist nach diesem Gesetz die Herstellung von Embryonen zum Zwecke der Forschung. Eine Ausnahme wird dann gemacht, wenn das geplante Forschungsvorhaben nicht durch die Forschung an überschüssigen Embryonen realisiert werden kann (vgl. ebd.; Heyer/Dederer 2007, 13). Die Embryonenforschung wird also mit diesen Vorgaben recht großzügig gehandhabt. Lediglich das reproduktive Klonen und die Bildung von Chimären wird durch das Gesetz ausdrücklich untersagt (vgl. Hennen/Sauter 2004, 26).

Lokale, an allen Kliniken eingerichtete Ethikkomitees (*Comité local d'ethique hospitalier*) und eine föderale Kommission für medizinische und wissenschaftliche Forschung an menschlichen Embryonen in vitro (*Commission fédérale pour la recherche médicale et scientifique sur les embryos in vitro*) sind für die Überwachung und Genehmigung von Forschungshaben verantwortlich. Nachdem das lokale Ethikkommitee eine positive Stellungnahme zu einem Forschungsvorhaben abgegeben hat, wird diese der Föderalen Kommission vorgelegt. Genehmigt die Kommission den Antrag, kann das Forschungsprojekt beginnen (vgl. Hennen/Sauter 2004, 26-27; Heyer/Dederer 2007, 13-14).

Die PID ist im Gesetzestext nicht ausdrücklich erwähnt, sie kann aber nach einem Antrag bei der zuständigen Ethikkommission und dessen Genehmigung durchgeführt werden (vgl. Simon 1999, 66). Ausdrückliche Vorgaben bezüglich der Indikationen für eine PID werden nicht genannt. Gemäß Art. 5 Abs. 4, nach welchem die Selektion nach nicht-pathologischen Merkmalen als „Eugenik" gilt, darf sie jedoch nur zu medizinischen Zwecken genutzt werden. Weiterhin ist die Forschung und Behandlung zur Geschlechtsselektion ohne medizinische Indikation unzulässig (vgl. Hennen/Sauter 2004, 27).

Angewendet wird die PID in Belgien zur Diagnose von Chromosomen-aberrationen, monogenetischen Erkrankungen, zur Feststellung von Aneuploidien mit dem Ziel der Effizienzsteigerung der IVF, aber auch das HLA-matching und prädiktive Gentests für erblich bedingten Brust- und Darmkrebs werden angeboten (vgl. ebd., 33-34).

3.5   Die rechtliche Situation in Israel

Nach dem jüdischen Religionsgesetz (Halacha) ist alles, was der Mensch nicht mit bloßem Auge sehen kann, nicht von Bedeutung. Die in vitro vorliegenden Embryonen stellen demnach noch kein menschliches Leben dar, da sie für den Betrachter unsichtbar sind. Der Embryo genießt nur im Mutterleib einen absoluten Lebensschutz, da nur hier die Möglichkeit besteht, sich zu einem Menschen zu entwickeln (vgl. Staszewski 2005, 119-24). Extrakorporal erzeugten Embryonen, die außerhalb des weiblichen Körpers vorliegen, wird also ein anderer ethischer Status zugeschrieben, als „natürlichen" Embryonen. Sie sind nur eingeschränkt schützenswert (Heyer/Dederer 2004, 76). Nach der halachischen Ethik beginnt die vorgeburtliche Schutzwürdigkeit erst ab dem vierzigsten Tag. Die Forschung an überzähligen Embryonen zu medizinischen Forschungszwecken und auch das therapeutische Klonen kann somit gerechtfertigt werden (vgl. ebd., 76-77). Auch die PID wird akzeptiert, um der Gefahr von Fehlgeburten und möglichen Risiken durch die im Rahmen einer IVF notwendigen Hormonbehandlungen zu begegnen (vgl. Staszewski 2005, 123).

3.6 Die Rechtslage in den USA

Die PID wird in den Vereinigten Staaten seit 1990 in vielen Kliniken durchgeführt. Regelungen zur PID bestehen auf bundesstaatlicher Ebene nicht, sondern die Gesetzgebungskompetenz liegt weitgehend bei den einzelnen Staaten (vgl. Hennen/Sauter 2004, 120; Heyer/Dederer 2007, 87). Die Ausgestaltung der reproduktionsmedizinischen Praxis unterliegt für die gesamten USA fast ausschließlich der freiwilligen Selbstkontrolle der Ärzte (vgl. Hennen/Sauter 2004, 120).

In zehn Bundesstaaten ist die Forschung an menschlichen Embryonen nicht erlaubt, wobei die PID in fünf dieser Staaten von diesem Verbot ausgeklammert wird (Massachusetts, Michigan, North Dakota, New Hampshire und Rhode Island). Explizit verboten ist die PID in fünf Staaten: Florida, Louisiana, Maine, Minnesota und Pennsylvania. Sofern dieses Verfahren gesetzlich geregelt ist, darf es nur bei bestimmten medizinischen Indikationen angewendet werden. Fehlt eine entsprechende Regelung, ist eine Auswahl von Embryonen auch aufgrund des Geschlechts oder anderer Eigenschaften möglich (vgl. Hennen/Sauter 2004, 123-24; Heyer/Dederer 2007, 89).

Die PID wird also in manchen Bundesstaaten sowohl für die soziale Geschlechtsselektion als auch für die Diagnostik von Anlagen für multifaktoriell bedingte Krankheitsanfälligkeiten, wie z.B. Brustkrebs oder spätmanifeste Erkrankungen angewendet. Das so genannte HLA-matching wird ebenfalls in manchen Staaten durchgeführt (vgl. Hennen/Sauter 2004, 132).

3.7 Zusammenfassung und Fazit

In Deutschland wird mehrheitlich die Auffassung vertreten, dass die PID aufgrund des deutschen ESchG nicht erlaubt ist. Eine Unverträglichkeit ergibt sich insbesondere aus folgenden Regelungen: nach § 8 des ESchG ist jede totipotente Zelle einem Embryo gleichzusetzen. Die Entnahme von totipotenten Zellen ist demnach nach § 2 Abs. 1 ESchG verboten, da der entnommene Embryo nicht zum Zweck der Erhaltung entnommen und verwendet wird. In diesem Zusammenhang wird diskutiert, bis zu welchem Zeitpunkt die embryonalen Zellen Totipotenz aufweisen und ob die Diagnostik an Zellen durchgeführt werden darf, die mit Sicherheit nicht mehr totipotent sind. Hier wird eine Diagnostik an Zellen nach dem 8-Zell-Stadium angeführt. Weiterhin ergibt sich für die PID durch § 6 ESchG eine Unverträglichkeit. Da eine totipotente Zelle ein Embryo ist, ergibt sich durch die Abspaltung einer solchen Zelle im Rahmen der

Blastomerbiopsie ein mit dem ürsprünglichen Embryo genetisch identischer Klon. Darüber hinaus ist nach § 1 Abs. 1 Nr. 2 eine IVF verboten, die nicht unmittelbar die Herbeiführung einer Schwangerschaft zum Ziele hat. Auch dies ist bei der PID kritisch zu hinterfragen, welches allerletzte Ziel mit dieser Technik verfolgt wird.

Auch nach dem Grundgesetz ist die Zulässigkeit der PID hinsichtlich der Verletzung von Grundrechten wie beispielsweise das Recht auf Menschenwürde und Recht auf Leben umstritten. Insbesondere aus Art. 2 Abs. 2 GG (Recht auf Leben und körperliche Unversehrtheit) und Art. 3 (Gleichheit vor dem Gesetz, Keine Benachteiligung Behinderter) ergibt sich jedoch eine Unverträglichkeit mit der PID.

Darüber hinaus wird von einigen ein Wertungswiderspruch zu der rechtlichen Zulässigkeit der PND gesehen, nach der ein Schwangerschaftsabbruch bei gegebener Konfliktsituation auch noch in einem späteren Schwangerschaftsstadium vorgenommen werden kann, wohingegen die Vernichtung eines frühen Embryos im Rahmen der PID unzulässig sei. Es wird hier jedoch angeführt, dass es sich um unterschiedliche Sachverhalte handele und eine Konfliktsituation bei der PID nicht vorliege.

Die Rechtslage bezüglich der Zulässigkeit oder des Verbots der PID ist von der gesetzlichen Regelung des Embryonenschutzes des jeweiligen Landes abhängig. In Großbritannien, Italien und Belgien ist die PID beispielsweise zulässig. In den USA ist diese Technik nicht in allen Bundesstaaten erlaubt, da die Gesetzgebungskompetenz bei den einzelnen Staaten liegt. Auch in Israel wird die PID akzeptiert. Hier werden extrakorporal erzeugte Embryonen ethisch anders beurteilt als „natürliche" Embryonen.

Es kann also festgehalten werden, dass die PID an totipotenten Zellen kritisch und mit dem ESchG nicht vereinbar ist. Ungeklärt ist derzeit noch, bis zu welchem Zeitpunkt embryonale Zellen Totipotenz aufweisen. Da jedoch davon ausgegangen werden kann, dass die Zellen eines Achtzellers noch totipotent sind, wäre eine PID also frühestens jenseits des 8-Zell-Stadiums gesetzlich erlaubt. In diesem Zusammenhang wird die PID an Trophoblastzellen der Blastoyzyste diskutiert. Die Wahrscheinlichkeit, dass die kultivierten Embryonen dieses Stadium erreichen, ist derzeit jedoch gering. Im Hinblick auf die Totipotenz der Embryonalzellen wäre eine PID an Embryonen also rechtlich erlaubt, wenn diese aus mehr als 8-Zellen bestehen. Allerdings gibt es bisher noch keine sichere Aussage darüber, dass die Zellen nach diesem Stadium auch tatsächlich nicht mehr totipotent sind.

Weiterhin soll noch einmal darauf hingewiesen werden, dass ein Embryo im Falle einer genetischen Belastung vernichtet wird. Die künstliche Befruchtung erfolgt somit nicht allein mit dem Ziel der Schwangerschafts-herbeiführung. Weist ein Embryo nicht das gewünschte Merkmal auf, so wird er zerstört. Das allerletzte Ziel der PID liegt daher in der Selektion von genetisch belasteten Embryonen. Nur wenn ein Embryo eine so ge-nannte Qualitätsprüfung bestanden hat, darf er überleben und wird in den Mutterleib transferiert. Natürlich erfolgt die PID auch zum Zwecke der Herbeiführung einer Schwangerschaft, aber eben nicht als vorrangigs-tes Ziel – dieses ist ein gesundes Kind!

Für die Frage des Wertungswiderpruchs ist relevant, welche Schutzwür-digkeit einem Embryo zugesprochen wird. Wenn von einem steigenden Lebensschutz des Embryos ausgegangen wird, wäre die PID weniger ver-werflich als der Schwangerschaftsabbruch im Zuge der PND. Hier gilt es jedoch zu bedenken, dass bei der PID nicht die gleiche Konfliktsituation vorliegt wie bei einem Schwangerschaftsabbruch. Bei der PND geht es um die Entscheidung für oder gegen ein Kind, zu welchem die Mutter im Laufe der Schwangerschaft schon eine emotionale Beziehung aufgebaut hat. Diese Bindung ist bei der PID hingegen noch nicht vorhanden und daher ist die Hemmschwelle zur Selektion eines genetisch belasteten Kindes niedriger anzusetzen. Ein Embryo in vitro bedarf also gerade eines besonderen Schutzes. Die Sachverhalte müssen also getrennt voneinan-der betrachtet werden. Nur weil die PND nach der deutschen Gesetzesla-ge zulässig ist, heißt das nicht, dass auch die Embryonenforschung im Zuge der PID erlaubt werden kann. Bei der Einführung der PID gilt es da-her auch immer zu bedenken, dass dieses Verfahren mit der Forschung an menschlichen Embryonen verbunden ist.

4 Ethische Diskussion

Bei der ethischen Bewertung der PID muss eine große Anzahl von Problemen berücksichtigt werden, die sich aus der Kombination von assistierter Reproduktion und dem Verfahren der PID ergeben (vgl. Düwell 1999, 4-5). Dabei steht im Zentrum der ethischen Diskussion der moralische Status menschlicher Embryonen. Im ersten Kapitel des ethischen Teils der Studie sollen daher die verschiedenen Positionen in der Debatte um den moralischen Status von Embryonen vorgestellt werden. Hier gilt es zu diskutieren, welche Schutzwürdigkeit einem Embryo in den frühen Phasen der Entwicklung zukommt und ab wann das grundlegende Recht auf Leben einsetzt. Dies ist insbesondere im Hinblick für die verbrauchende Embryonenforschung und damit auch für die PID von Relevanz.

Es werden in diesem Zusammenhang zwei Extrempositionen deutlich: Vertreter der ersten Position erkennen einem Embryo bereits ab dem Zeitpunkt der Befruchtung einen vollen moralischen Status zu; Vertreter der Gegenseite sind der Meinung, dass allein personale Lebewesen, die bereits Interessen ausgebildet haben und über Rationalität und Selbstbewusstsein verfügen, als Träger der Menschenwürde anzusehen sind (vgl. ebd., 9). Zwischen diesen beiden Positionen finden sich in der ethischen Diskussion jedoch auch abgestufte Varianten. Diese gehen davon aus, dass die Schutzwürdigkeit des Embryos mit dem Prozess der Entwicklung zunimmt (vgl. Mieth 2002, 172). Frühe Embryonen wären demnach weniger schützenswert wie Feten.

In der Debatte um den moralischen Status des Embryos stehen folgende Argumente im Vordergrund, über die im ersten Kapitel ebenfalls ein Überblick gegeben werden soll: Das *Speziesargument*, das *Kontinuumsargument*, das *Identitätsargument* und das *Potentialitätsargument* (kurz: SKIP-Argumente). Durch diese Argumente soll die Würde menschlicher Embryonen begründet werden (vgl. Damschen/Schönecker 2003, 1).

Im zweiten Kapitel werden die verschiedenen Argumente, die für und gegen eine gesetzliche Zulassung der PID sprechen, dargestellt. Sie können jedoch nicht im Einzelnen ausführlich diskutiert werden. Dies wäre für die vorliegende Studie zu umfangreich. Es sollen aber die wichtigsten Problemfelder und die zur PID vertretenen Standpunkte angesprochen werden: Befürworter der PID erhoffen sich von diesem Verfahren neue Möglichkeiten der Krankheitsbekämpfung und mehr Wahlmöglichkeiten vorgeburtlicher Diagnostikmethoden (vgl. EK 2002, 95). Sie sehen in der PID eine Alternative zur PND, da sie dieses Verfahren als geringer psychisch belastend einschätzen. Weiterhin wird von ihnen die Auffassung vertreten, dass die PID lediglich eine zeitlich vorgelagerte PND sei (vgl. Ruppel/Mieth 1998, 358).

Es gibt jedoch auch vehemente Gegner dieser Technik, die mit der PID eine Steigerung der Probleme sehen, die schon durch die assistierte Reproduktion und PND aufgeworfen werden (vgl. Laufs 1999, 59). Sie befürchten aufgrund der Selektion von frühen Embryonen einen moralischen Dammbruch und ein Einstieg in eine wirkliche Eugenik (vgl. Schramme 2002, 63). Weiterhin geben sie zu Bedenken, dass die PID ein Wegbereiter für die verbrauchende Embryonenforschung und Keimbahntherapie sei (vgl. Neuer-Miebach 1999, 129). Darüber hinaus wiesen die Gegner darauf hin, dass es Alternativen zu dem Verfahren der PID gebe. Diese werden vorgestellt und runden den ethischen Teil der Diplomarbeit ab.

4.1 Positionen in der Debatte um den moralischen Status des Embryos

Die moralische Beurteilung der PID hängt davon ab, welchen moralischen Status man menschlichen Embryonen zuspricht. Dieses Verfahren geht mit einer verbrauchenden Forschung an frühen Embryonen einher und auch zur technischen Weiterentwicklung der PID muss Embryonenforschung betrieben werden (vgl. Düwell 1998, 32). Erkennt man einem frühen Embryo bereits einen vollen moralischen Status zu, so sind PID und Embryonenforschung als Verstoß gegen die Menschenwürde anzusehen.

In der Debatte um den moralischen Status des Embryos, gibt es verschiedene Auffassungen darüber, ob ein Embryo um seiner selbst willen schützenswert ist, und wenn ihm ein moralischer Status zugesprochen wird, dann gehen die Meinungen auseinander, ab welchen Zeitpunkt einem Embryo Menschenwürde zukommt (vgl. Mieth 2002, 170). Diese verschiedenen Positionen sollen nachstehend vorgestellt werden, wobei mit der strengsten Position begonnen wird und die liberalste den Abschluss bildet.

4.1.1 Der Embryo besitzt vom Beginn seiner Entwicklung an ein uneingeschränktes Lebensrecht

Viele gehen davon aus, dass der Mensch bereits *ab dem Zeitpunkt der Befruchtung* ein Recht auf Lebensschutz und Menschenwürde hat (vgl. Düwell 1999, 9). Diese Ansicht wird hauptsächlich von der katholischen Kirche vertreten. Maio (2002, 161) spricht in diesem Zusammenhang von einem „Personmodell", nach dem der menschliche Embryo wie eine Person behandelt werden soll. Der Embryo verfügt also vom Augenblick der Empfängnis an über den absoluten Lebensschutz und ist somit im selben Maße schützenswert wie ein geborener Mensch (vgl. Hüsing et al. 2003, 156).

Auf der Grundlage dieser Schutzwürdigkeit wäre jegliche Forschung an Embryonen unrechtmäßig, da frühe Embryonen genauso geachtet werden müssen, wie menschliche Personen (vgl. Sekretariat der Deutschen Bischofskonferenz 1987, 17). Nach Auffassung von Vertretern dieser Position gibt es nichts, was es rechtfertigen würde, die personalen Grundrechte des menschlichen Embryos zu verletzen, es sei denn, es stünde das Leben des Embryos gegen das Leben der Frau. Ein Schwangerschaftsabbruch darf daher nach dieser Position auch noch in späteren Schwangerschaftsstadien durchgeführt werden, wenn die Schwangere sich in einer schwerwiegenden Lage befindet und eine Weiterführung der Schwangerschaft für sie unzumutbar ist (vgl. Hüsing et al. 2003, 158).

Eine bedeutende Rolle spielen bei dieser Position die bereits angesprochenen SKIP-Argumente, welche für sich oder auch in Verknüpfung, die Würde menschlicher Embryonen begründen sollen (vgl. Damschen/Schönecker 2003, 1). Sie sollen nachfolgend ebenfalls kurz dargestellt werden.

1. Speziesargument: Nach diesem Argument ist ein Embryo für seine Zugehörigkeit zur Spezies Mensch zu schützen (vgl. Schockenhoff 2003, 11). Ein Embryo ist also ab der Befruchtung schützenswert, da er ab diesem Zeitpunkt der menschlichen Art angehört (vgl. Engels 1998, 287).

Schockenhoff kommt aufgrund der Gleichursprünglichkeit aller Menschen zu dem Ergebnis, dass „alle menschlichen Individuen als Angehörige der Spezies Homo sapiens sapiens zugleich Mitglieder der moralischen Gemeinschaft sind, denen ausnahmslos dieselben moralischen Rechte zustehen" (Schockenhoff 2003, 12).

Diese Meinung lehnt Düwell (1998, 34) ab. Ihm zufolge stellt die Zugehörigkeit zur Spezies Mensch kein Grund dar, einem ihrer Mitglieder einen besonderen Schutz zuzusprechen. Menschenwürde komme, so Düwell, einem Menschen nur aufgrund speziesspezifischer Besonderheiten zu. Hierunter fallen seiner Ansicht nach personale Eigenschaften wie beispielsweise Handlungs-, Kommunikations-, Reflexions- und Moralfähigkeit (vgl. ebd. 1999, 10). Da frühe Embryonen jedoch keine dieser Eigenschaften aufweisen, sind sie laut Merkel (2003, 35) auch keine Träger von Grundrechten.

2. *Kontinuumsargument:* Dieses Argument geht davon aus, dass die Entwicklung des werdenden menschlichen Lebens ab der Befruchtung in einem einzigen *Kontinuum* verläuft (vgl. Engels 1998, 280), ohne dass moralrelevante Einschnitte erkennbar sind (vgl. Honnefelder 2003, 61). Es besagt also, dass der Embryo von dem Augenblick an schützenswert ist, ab dem keine weiteren ethisch relevanten Zäsuren in seiner weiteren Entwicklung auszumachen sind (vgl. Maio 2002, 160). Die Schutzwürdigkeit liegt somit ab dem Zeitpunkt der Fertilisation vor. Hier wird diskutiert, ob es noch andere moralisch relevante Zäsuren außer der Befruchtung gibt, wie beispielsweise die Nidation, die Ausbildung des Primitivstreifens oder die Bildung des Nervensystems (vgl. Honnefelder 2003, 73; Kipke 2005, 43). Diese alle im Einzelnen zu diskutieren, wäre jedoch für die vorliegende Studie zu umfangreich. Es soll daher nur kurz ein Aspekt angeführt werden, welcher die Embryonenforschung in Großbritannien betrifft:

Die Prozesse, die zur Bildung neuronaler Strukturen führen, setzen nach dem 14. Tag der Befruchtung ein (vgl. Gazzaniga 2007, 26). Der Neurowissenschaftler Gazzaniga (ebd.) sieht daher die in Großbritannien praktizierte Forschung an menschlichen Embryonen bis zu 14 Tage nach der Befruchtung als legitim an.

Vertreter dieser Position führen an, dass bei der Embryonalentwicklung zwar Übergänge und neu einsetzende Entwicklungsschübe erkennbar seien, es jedoch keine wirklichen Zäsuren gebe und es sich somit nur um einen einzigen kontinuierlichen Entwicklungsprozess handele (vgl. Schockenhoff 1993, 307-09). Jeder Versuch, in der embryonalen Entwicklung eines Menschen einen Einschnitt zu setzen, wäre daher willkürlich (vgl. Damschen/Schönecker 2003, 4).

Dem Kontinuumsargument wird entgegen gehalten, dass die Entwicklung eines Menschen eigentlich diskontinuierlich sei. Es ließen sich sehr wohl moralrelevante Zäsuren machen, wie beispielsweise die Vereinigung der Vorkerne. Erst damit stehe ein einzigartiges Genom fest. Aber auch die Ausbildung des Primitivstreifens etwa 14 Tage nach der Befruchtung stelle einen Einschnitt dar, weil hiermit die Möglichkeit der Mehrlingsbildung ausgeschlossen werden könne und die irreversible Individualität feststehe (vgl. ebd.). Weiterhin sei die Herausbildung des Gehirns als eine weitere Zäsur zu nennen, da dies die organische Voraussetzung für bewusstes Leben und damit für das spezifische Menschsein sei (vgl. ebd; Gazzaniga 2007, 23). Kritiker des K-Arguments fordern daher erst einmal einen Beweis dafür, dass es keine moralrelevanten Einschnitte in der Entwicklung gibt (vgl. Damschen/Schönecker 2003, 4).

3. Identitätsargument: Dieses Argument besagt, dass ein Embryo ab dem Zeitpunkt zu schützen ist, da er die Identität einen Menschen besitzt. Hier wird diskutiert, woran Identität und Individualität festgemacht werden könne und ob bei einem Embryo Individualität vorliege, wenn noch die Möglichkeit der Mehrlingsbildung bestehe (vgl. ebd., 4-5; Enskat 2003, 103).

Von Befürwortern dieses Arguments wird behauptet, dass „es ein und derselbe Mensch ist, der als Embryo über das gleiche Lebensrecht verfügt wie als neugeborener, erwachsener oder alternder Mensch" (Schockenhoff 1993, 310). Ein erwachsener Mensch sei also identisch mit dem Embryo, der er einmal war und somit komme diesem Embryo auch die gleiche Würde zu, die er als Erwachsener habe (vgl. Damschen/Schönecker 2003, 5).

Es wird nun jedoch kritisiert, dass eine Zygote nicht mit dem geborenen Menschen identisch sei (vgl. Engels 1998, 284; Stoecker 2003, 129), da nur wenige der Zellen, die von der Zygote stammen, sich zum Fetus und schließlich zum Kind entwickeln (vgl. Stoecker 2003, 139). Der Beginn unserer Existenz ließe sich daher vielmehr ab dem Zeitpunkt festlegen, ab dem wir unsere einzigartige Gestalt erhalten haben, nämlich mit der Bildung der Keimscheibe nach der ersten Schwangerschaftswoche. Erst von da an seien alle Zelllinien für die weitere Embryonalentwicklung festgelegt. Unsere Existenz könne jedoch oder auch erst mit der Ausbildung des Primitivstreifens etwa 14 Tage nach der Befruchtung beginnen, weil eine Mehrlingsbildung dann ausgeschlossen sei und nur noch ein Individuum vorliege (vgl. Stoecker 2003, 137-42).

Auch Engels gibt zu bedenken, ob nur „auf Grund der genetischen Identität zwischen Zygote und geborenem Kind schon eine moralische Verpflichtung gegenüber der Zygote besteht" (Engels 1998, 284). Die Argumentation, dass ein Embryo mit einem erwachsenen Menschen genetisch identisch sei und er deshalb ein Recht auf Lebensschutz habe, hält sie für problematisch. Das hätte nämlich laut Engels zur Folge, dass ein Mensch auf seine Erbanlagen reduziert würde (vgl. ebd., 287).

Hier gilt es ihrer Meinung nach, dass Identitätsargument auch noch einmal aus entwicklungsbiologischer Hinsicht zu hinterfragen (vgl. Engels 1998, 284-85).

Die genetische Ausstattung allein bestimmt noch nicht das Erscheinungsbild eines Organismus. Die Genexpression, die durch verschiedene Faktoren wie beispielsweise der Umwelt beeinflusst wird, ist für die Ausbildung der Eigenschaften eines Menschen verantwortlich. Der spätere Mensch bildet sich somit erst durch ein komplexes Wechselspiel zwischen dem Genom und verschiedenen Umweltfaktoren (vgl. ebd.).

4. *Potentialitätsargument:* Dieses Argument besagt, dass der Embryo schon ab dem Zeitpunkt der Befruchtung das Potential besitzt, sich zu einer Person zu entwickeln. Nach diesem Argument hat der Embryo also bereits ab der Fertilisation ein Recht auf Lebensschutz und Menschenwürde allein aufgrund seiner Potentialiät (vgl. Mieth 2002, 171).

Von Befürwortern dieses Arguments wird vorgebracht, dass auch diejenigen Lebewesen, die die Eigenschaften, wie Bewusstsein, Leidensfähigkeit etc., die eine Person ausmachen aktuell nicht besitzen, das Potential haben, diese zu entwickeln und deshalb müssen Embryonen auch so behandelt werden, als besäßen sie diese Eigenschaften tatsächlich aktuell (vgl. Rager 1998, 228-29; Damschen/Schönecker 2003, 5). Schließlich würden Neugeborene, reversibel Komatöse und schlafende Menschen auch keine der oben genannten Eigenschaften aufweisen und dennoch komme ihnen Menschenwürde und Lebensschutz zu (vgl. Damschen/Schönecker 2003, 5-6).

Das Potentialitätsargument wird häufig bestritten. Nach Auffassung mancher Autoren seien nach diesem Argument Gameten ebenfalls schützenswert, weil auch diese potentielle Personen seien (vgl. Leist 1990, 83-92; Schöne-Seifert 2003, 175-178). Diesen wolle man aber eigentlich noch keine Menschenwürde zusprechen. Es wird außerdem betont, dass es ja zuerst einmal zu einer Befruchtung zwischen geeigneten Gameten kommen müsse, wobei die Wahrscheinlichkeit bei 80 % liege. Weiterhin wird angeführt, dass es plausibel sei, dass ein neugeborener Mensch eine potentielle Person darstelle, weil dieser die Fähigkeit habe, sich zu entwickeln. Die Wahrscheinlichkeit, dass aus einer befruchteten Eizelle ein Neugeborenes entstehe, liege jedoch während der ersten zwei Wochen nur bei etwa 30 %, da eine Vielzahl von Embryonen aufgrund von Chromosomenfehlverteilungen abgestoßen werde (vgl. Leist 1990, 83-92). Für Kritiker ist daher aufgrund der oben angeführten Behauptungen das P-Argument nicht plausibel.

Leist (1990, 92) veranschaulicht in diesem Zusammenhang das Beispiel eines potentiellen Olympiasiegers, der für seine Potentialität nicht geehrt wird. Ebenso wenig könne Prinz Charles als potentieller König noch nicht die gleichen Rechte eingeräumt werden wie dem König. Dieser Illustration könnte entgegen gehalten werden, dass es für die Verwirklichung der Konsequenz, Olympiasieger oder König zu werden, äußerer Einflüsse bedarf. Für die Embryonalentwicklung sind jedoch keine äußeren Einflüsse erforderlich (vgl. Mieth 2002, 172).

An dieser Stelle ist es nicht möglich, den genauen Zusammenhang der SKIP-Argumente zu erläutern. Es soll jedoch kurz erwähnt werden, dass das S-Argument mit den anderen Argumenten nicht in Beziehung gebracht werden kann, weil die Gattungszugehörigkeit keine Bedingung für die anderen Argumente darstellt (vgl. Damschen/Schönecker 2003, 6).

Zusammenfassend soll noch einmal betont werden, dass dem Embryo durch die SKIP-Argumente ein uneingeschränkter Lebensschutz zugeschrieben wird. Die Befürworter dieser Argumente lehnen daher als logische Konsequenz eine verbrauchende Forschung an menschlichen Embryonen vehement ab (vgl. Maio 2002, 161).

4.1.2 Die Schutzwürdigkeit des Embryos steigt mit fortschreitender Entwicklung

Eine weitere Position im Zusammenhang mit der Debatte um den moralischen Status des Embryos geht davon aus, dass die Schutzwürdigkeit des Embryos *mit fortschreitender Entwicklung* stetig zunimmt, also graduell wächst. Ein früher Embryo hat also ein geringeres Lebensrecht wie ein Fetus (vgl. Mieth 2002, 172; Hüsing et al. 2003, 157).

Diese Position wird auch als *Stufenmodell des Lebensschutzes* oder *ethischer Gradualismus* bezeichnet und basiert auf der im Laufe der Embryonalentwicklung zunehmenden Gestalt- und Merkmalsbildung (vgl. Hüsing et al. 2003, 157). Maio (2002, 161) spricht in diesem Zusammenhang von einem „Progredienzmodell" oder „Respektmodell", weil nach dieser Position ein Embryo auch in einem früheren embryonalen Stadium Respekt verdient und nicht nur als bloßer Zellhaufen angesehen wird, dem keinerlei Achtung entgegen gebracht werden muss. Ein Embryo kann also dieser Position zufolge nicht als frei verfügbares Material betrachtet werden, jedoch ist eine Güterabwägung in späteren Entwicklungsstadien möglich. Der Lebensschutz eines Embryos muss also unter Umständen gegenüber anderen hochrangigen Gütern zurücktreten, falls z.B. das Leben der Schwangeren in Gefahr ist (vgl. Hüsing et al. 2003, 157).

Auch in den Empfehlungen des bereits erwähnten Warnock-Reports, der der Rechtsregelung in Großbritannien zugrunde liegt, werden einem frühen Embryo und einem neugeborenen Kind bzw. Erwachsenen unterschiedliche Rechte zugeschrieben:

> Although, therefore, the law provides a measure of protection for the human embryo in vivo it is clear that the human embryo under our definition of the term is not, under the present law in the UK accorded the same status as a living child or an adult, nor do we necessarily wish it to be accorded that same status.

(Warnock 1985, 63)

Es werden nach der Position des ethischen Gradualismus mehrere Zäsuren vorgeschlagen, ab wann einem Embryo oder Fetus moralische Rechte zukommen, wie beispielsweise die Einnistung in die Gebärmutter, die Ausbildung des Primitivstreifens oder der Zeitpunkt, ab dem Feten Schmerz empfinden können (vgl. Mieth 2002, 172; Honnefelder 2003, 73).

Diesem Stufenmodell wird von Kritikern entgegen gehalten, dass es in der Embryonalentwicklung keine moralrelevanten Einschnitte gebe und jeder Versuch einer Zäsursetzung in der Entwicklung eines Embryos bis hin zu einem geborenen und später erwachsenen Menschen, willkürlich sei (vgl. Damschen/Schönecker 2003, 3-4; Hüsing et al. 2003, 158).

4.1.3 Der frühe Embryo ist nur ein Zellhaufen, der keine eigenen Schutzrechte hat

Im vollkommenen Gegensatz zu den ersten Positionen steht die von Maio (2002, 161) als „Objektmodell" bezeichnete Vorstellung, nach der ein früher Embryo nichts weiter als einen *„Zellhaufen"* darstellt, der kein Recht auf Lebensschutz hat. Nach diesem Modell besteht zwischen dem Embryo und den menschlichen Körperzellen also nur ein biologischer Unterschied, jedoch kein moralischer (vgl. Hüsing et al. 2003, 156).

Diese Extremposition innerhalb der Debatte um den moralischen Status des Embryos wird von dem australischen Ethiker Peter Singer vertreten. Er spricht erst Personen ein Recht auf Leben zu, weil erst diese bestimmte moralisch relevante Eigenschaften besitzen, wie z.B. Rationalität, Selbstbewusstsein, Autonomie, Bewusstsein, Lust- und Schmerzempfindung (vgl. Singer 1984, 146). Seiner Ansicht nach haben Embryonen und Feten keine moralischen Rechte, weil ihnen die oben genannten Eigenschaften fehlen. Sie sollten daher in der gleichen Weise respektiert werden wie andere ähnlich empfindungsfähige Lebewesen (vgl. ebd., 162).

Singer (ebd.) kommt also zu dem Ergebnis, dass einem Fetus kein größeres Recht auf Leben beizumessen sei wie einem nichtmenschlichen Lebewesen, das auf einer ähnlichen Stufe der Rationalität, des Selbstbewusstseins und der Sensibilität stehe. Als Beispiel nennt er hier ein Kalb, ein Schwein oder ein Huhn. Weiterhin schlussfolgert er: „Da kein Fötus eine Person ist, hat kein Fötus denselben Anspruch auf Leben wie eine Person" (Singer 1984, 162).

Eine konsequente Anwendung dieser Position wäre jedoch problematisch, da die Embryonenforschung jederzeit möglich wäre und beispielsweise irreversibel Komatöse oder geistig schwer behinderte Menschen ein eingeschränktes Recht auf Lebensschutz hätten (vgl. Rager 1998, 204, 206; Maio 2002, 161).

4.1.4 Bedeutung der verschiedenen Positionen für die PID

Vertreter des *uneingeschränkten Lebensschutzes* stehen der PID negativ gegenüber, weil bei diesem Verfahren Embryonen gegebenenfalls verworfen werden, falls sie nicht die gewünschten genetischen Eigenschaften aufweisen (vgl. Düwell 1999, 11; EK 2002, 98). Weiterhin wäre auf der Grundlage dieser Schutzwürdigkeit jegliche Forschung an menschlichen Embryonen unrechtmäßig, weil diese Position keine Abwägungen zwischen dem Lebensrecht des Embryos und dem der Schwangeren zulässt, es sei denn, es stünde das Leben des Embryos gegen das der Schwangeren (vgl. Maio 2002, 161). Auch daraus ergibt sich nach Auffassungen der Befürworter dieser Position eine Unzulässigkeit der PID, da bei diesem Verfahren keine Schwangerschaft und damit auch keine Konfliktlage vorliegt (vgl. Düwell 1999, 11).

Die PID ist nach den Befürwortern des *ethischen Gradualismus* moralisch weniger problematisch. Wie bereits erwähnt, ist nach dieser Position eine Güterabwägung möglich. Werden also die Interessen oder die Wunschvorstellungen der Eltern bzw. der Schwangeren in hohem Maße berücksichtigt, kann eine PID als legitim erachtet werden (vgl. ebd.; EK 2002, 98).

Nach der von Peter Singer vertretenen Extremposition, dass erst Personen ein Recht auf Lebensschutz zukommt und Embryonen nur einfache *„Zellhaufen"* sind, wäre ein Umgang mit Embryonen, ob zu Forschungszwecken oder für die PID, jederzeit erlaubt, falls dadurch keine außerembryonalen Güter verletzt würden (vgl. Maio 2002, 161).

4.1.5 Zusammenfassung und Fazit

Zusammenfassend lassen sich drei Grundpositionen zum moralischen Status des Embryos erkennen. Diese reichen von der absoluten Schutzwürdigkeit des Embryos vom Beginn seiner Entwicklung, über abgestufte Varianten bis hin zu einer Verneinung der Schutzwürdigkeit des Embryos.

Die verschieden Positionen zum moralischen Status des Embryos weisen bis auf die Extremposition von Peter Singer eine Gemeinsamkeit auf: Sie erkennen dem menschlichen Embryo einen besonderen Schutz zu und erachten ihn als etwas Besonderes. Es werden lediglich unterschiedliche Meinungen vertreten, wann ein Embryo ein Recht auf Lebensschutz hat und wie weit diese Schutzwürdigkeit zu gehen hat (vgl. Ziegler 2004, 134). Begründet wird der Lebensschutz menschlicher Embryonen mit den so genannten SKIP-Argumenten. SKIP steht dabei für Spezies-, Kontinuums-, Identitäts- und Potentialitätsargument.

Einen Konsens zum moralischen Status des Embryos zu finden, stellt sich als schwierig heraus. Könnte man sich auf einen Zeitpunkt einigen, wann individuelles Leben beginnt bzw. Würde relevant wird, wäre die Forschung befreit. Viele subjektive Einschätzungen sind zu dieser Thematik vorhanden; zahlreiche ethisch relevante Zäsuren werden genannt, die den Beginn der Schutzwürdigkeit des Embryos festlegen sollen.

Dadurch, dass jede Zäsursetzung willkürlich ist und sich in irgendeiner Weise begründen lässt, sollte einem Embryo ab dem frühest möglichen Zeitpunkt – also ab der Befruchtung – Schutzwürdigkeit zugesprochen werden. Damit könnte sichergestellt werden, dass keine Rechte des Embryos verletzt würden.

Jedoch sollte auch das in der Öffentlichkeit vielfach diskutierte Modell des abgestuften Lebensschutzes als Beginn der Schutzwürdigkeit nicht ganz ausgeschlossen werden. Dieses scheint schon aufgrund des realen Lebens plausibel zu sein. Schließlich entwickelt eine Schwangere auch erst im Laufe der Schwangerschaft eine intensive Beziehung zu ihrem Kind. Erst nachdem die Schwangerschaft über mehrere Wochen komplikationslos verlaufen ist, sieht die Frau eine ernsthafte Chance, eine emotionale Bindung zu einem neuen Menschen zu entwickeln (vgl. Wiesemann 2006, 24). Anfangs steht die Schwangere also mit einer gewissen Vorsichtshaltung ihrem Kind gegenüber. Dies wird auch schon in der Aussage: „Ich *bekomme* ein Kind" deutlich. Dieser Ausdruck impliziert eine Zeit, die noch kommen wird (vgl. ebd., 26). Die Position der abgestuften Schutzwürdigkeit basiert also auf dem „menschlichen Erleben der Entstehung eines Kindes" (ebd., 24) und kommt somit der Realität am Nächsten.

Es kann daher angenommen werden, dass das „Progredienzmodell" zunehmend an Bedeutung gewinnen wird und eventuell auch die PID einmal unter diesem Aspekt bewertet wird. Dies macht sich schon in dem Votum für eine begrenzte Zulassung der PID des NER bemerkbar (vgl. NER 2003, 124-25).

4.2 Diskussion der Argumente für und gegen eine Zulassung der PID

Nachstehend sollen die Argumente, die von den Befürwortern und Gegnern der PID angeführt werden, vorgestellt und diskutiert werden. Im Hinblick auf die aktuelle ethische Debatte um die ethische Beurteilung der PID lassen sich insbesondere drei Aspekte unterscheiden: zum einen die Probleme, die das *Verfahren* der IVF als Voraussetzung für die PID mit sich bringt, sowie die spezifischen Auswirkungen der PID, zum anderen die Legitimität der *Anwendungsziele* der PID und mögliche *gesellschaftliche Folgen*, die im Falle einer Etablierung der PID befürchtet werden.

4.2.1 Argumente für eine Zulassung der PID

4.2.1.1 PID zur Effizienzsteigerung der IVF

Befürworter der PID bringen für die Zulassung dieses Verfahrens das Argument vor, dass die PID die Erfolgsrate der IVF steigere. Mit zunehmenden Alter der Frau wird die Qualität der Eizellen schlechter (vgl. Spiewak 2005, 177). Viele Embryonen weisen dann Chromosomenstörungen auf. Die höhere Spontanabortrate von älteren Frauen wird damit in direkten Zusammenhang gebracht. (vgl. Maranato 1996, 253).

Durch die PID können Embryonen mit Chromosomenstörungen, die mit dem Leben nicht vereinbar sind, bereits vor einer Implantation erkannt und von einem anschließenden Transfer ausgeschlossen werden. Dies könnte zu einer Verbesserung der Implantations- und Schwangerschaftsrate führen und Spontanaborte bei älteren Frauen reduzieren (vgl. Gianaroli 1997, 1762-63; Munné 2006, 248). Befürworter schlagen daher vor, das Screening auf Aneuploidien zur Verbesserung der IVF-Erfolgsrate routinemäßig einzusetzen (vgl. De Wert 1998, 349).

Es kann nun aber befürchtet werden, dass ein solches PID-Screening auf Chromosomenaberrationen auch zur Selektion von Kindern mit Down-Syndrom verwendet wird. Van den Daele (2002, 1) weist darauf hin, dass Frauen oder Paare große Angst vor einem Zusammenleben mit einem behinderten Kind haben und daher 90 % der Schwangerschaften abgebrochen werden, falls eine Trisomie 21 festgestellt wird. Die Nachfrage nach vorgeburtlichen Diagnostikverfahren nimmt immer mehr zu in der heutigen Zeit (vgl. ebd.). Besteht also ein erhöhtes Risiko, ein Kind mit einer Behinderung zu bekommen (z.b. bei Frauen ab 35 Jahren) und es besteht das Angebot des PID-Screenings, so wird dies von solchen Frauen auch genutzt werden. Down-Syndrom-Kinder können dann einfacher aussortiert werden.

Hier gilt es nun zu hinterfragen, ob Frauen ab 35 Jahren bei einer Einführung des Aneuploidie-Screenings nicht immer größere Angst davor haben, ein Kind auf natürlichem Wege zu zeugen und daher vermehrt die Möglichkeiten der assistierten Reproduktion in Anspruch nehmen.

Die Embryonen könnten dann mittels PID getestet werden und Embryonen mit einem diagnostizierten Down-Syndrom würden nicht transplantiert.

An dieser Stelle muss allerdings darauf hingewiesen werden, dass auch die PID kein gesundes Kind garantieren kann. Der größte Teil aller Behinderungen ist nicht genetisch bedingt, sondern wird durch Komplikationen während der Schwangerschaft und der Geburt verursacht oder postnatal „erworben" (vgl. EK 2002, 97). Die Einführung des PID-Screenings im Rahmen der IVF könnte sich also durchaus als ethisch problematisch erweisen.

Außerdem fanden niederländische Wissenschaftler jetzt sogar heraus, dass die PID die Schwangerschaftsraten nicht nur nicht verbessert, sondern signifikant verschlechtert (vgl. Mastenbroek et al. 2007, 9). Die meisten Paare, die eine PID in Anspruch nehmen, sind genetisch vorbelastet und daher sinkt die Schwangerschaftsrate noch weiter. Viele Embryonen erweisen sich für den Transfer als ungeeignet (vgl. Spiewak 2005, 171). Ob die PID also zur Erfolgsverbesserung der IVF eingesetzt werden kann, bleibt fragwürdig

4.2.1.2 Förderung der Entscheidungsautonomie durch die PID

Für die Zulassung der PID wird weiterhin angeführt, dass sie die Entscheidungsautonomie des Paares oder der Frau fördere (vgl. Schöne-Seifert 1999, 88). Potentielle Eltern sollten selbst entscheiden dürfen, ob für sie ein Verfahren wie die PID in Frage komme oder nicht. Was medizinisch möglich sei, sollte Hochrisikopaaren auch zur Verfügung gestellt werden, damit sie gemäß ihren Wertvorstellungen das für sie angenehmere vorgeburtliche Diagnostikverfahren wählen können (vgl. EK 2002, 95).

Diesem Argument wird jedoch entgegen gehalten, dass die Entscheidungsfreiheit aufgrund gesellschaftlicher Einflüsse eingeschränkt sei (vgl. Hildt 1998, 206-17; Haker 1999, 112; Schöne-Seifert 1999, 92-93). Ursache hierfür können mangelnde Aufklärung und Beratung (vgl. Haker 1999, 112) oder auch gesellschaftlicher Druck auf werdende Eltern sein. Auf Frauen oder Paare wird zunehmend ein sozialer Erwartungsdruck ausgeübt, Methoden der vorgeburtlichen Diagnostik in Anspruch zu nehmen, falls ein erhöhtes Risiko auf ein behindertes Kind besteht (vgl. Hildt 1998, 212). Bei einem Verzicht solcher Verfahren und im Falle der Geburt eines behinderten Kindes wären vermehrt Reaktionen denkbar wie: „Aber das wäre doch heutzutage nicht mehr nötig gewesen" (Schöne-Seifert 1999, 93).

Leider nimmt in unserer Gesellschaft die Akzeptanz von behinderten Menschen immer mehr ab. Frauen lassen vermehrt Schwangerschaftsabbrüche vornehmen, falls eine Trisomie 21 diagnostiziert wird. Auch hieran lässt sich in zunehmendem Maße eine gesellschaftliche Fremdbestimmung erkennen (vgl. ebd.). Es kann also befürchtet werden, dass mit der PID als weitere Wahlmöglichkeit eines vorgeburtlichen Diagnostikverfahrens, der soziale Druck auf „Risikopaare" noch weiter wächst. Diesem lässt sich nur durch vermehrte genetische Beratung entgegen wirken, so dass den Eltern die Angst vor einem Leben mit einem behinderten Kind genommen wird oder Möglichkeiten aufgezeigt werden, welche die Betreuung eines solchen Kindes erleichtern.

4.2.1.3 PID als Alternative zum Schwangerschaftsabbruch

Häufig wird für die Zulassung der PID vorgebracht, dass die PID spätere Schwangerschaftsabbrüche vermeiden könne (vgl. Ruppel/Mieth 1998, 362). Befürworter der PID sind der Auffassung, die PID sei als psychisch weniger belastend einzuschätzen, als die PND. Dies muss jedoch kritisch hinterfragt werden.

Um absolut sicher zu gehen, dass der Embryo kein Träger der gesuchten Erbkrankheit ist, wird zur Bestätigung der Diagnose meist zusätzlich noch während der Schwangerschaft eine invasive PND durchgeführt (vgl. Mieth 1996, 32; Harper et al. 2001, 137-39; ESHRE PGD Consortium Steering Committee 2008, 750). Eine ausreichend sichere Diagnose kann die PID derzeit noch nicht liefern und so muss sich die Frau also dennoch einer invasiven PND unterziehen, wenn sie Gewissheit haben möchte (vgl. Graumann 1998, 386; Harper et al. 2001, 137-39; Mieth 2001, 108). Durch die PID können also keine Schwangerschaftsabbrüche vermieden werden.

Mit der Bestätigung einer PND nach einer PID sind die psychischen und physischen Belastungen, die mit diesem Verfahren einhergehen, nach wie vor vorhanden. Die Frau setzt sich ebenso den Risiken aus, die so eine Diagnostik mit sich bringt (wie z.b. die Möglichkeit eines Aborts). Nach der Inanspruchnahme einer PID, die mit erheblichen Kosten und zusätzlichen Belastungen durch die erforderliche IVF verbunden ist, wäre eine Fehlgeburt durch eine PND besonders tragisch für die Eltern (vgl. Mieth 2002, 166-67).

Selbstverständlich stellt eine Abtreibung eine enorme Belastung für eine Frau dar. Durch einen Schwangerschaftsabbruch kann ein Trauma hervorgerufen werden, aber auch physische Beschwerden können auftreten. Der operative Eingriff kann sogar zur Sterilität führen (vgl. Bioethik-Kommission des Landes Rheinland-Pfalz 1999, 66). Frauen, die eine PID in Anspruch nehmen, müssen sich jedoch einer IVF unterziehen. Diese und auch das Verfahren der PID gehen mit verschiedenen Risiken einher (siehe die Ausführungen unter 2.4 „Risiken und Probleme der IVF/ICSI und PID"). Möchte die Frau eine ausreichend sichere Diagnose, muss sie zusätzlich noch eine PND durchführen lassen. Diese bringt ihrerseits weitere Risiken mit sich.

Die wiederholten Hormonbehandlungen, die Hoffnungen und Ängste, die mit der PID verbunden sind, das Risiko einer Mehrlingsschwangerschaft oder des OHSS, mögliche Komplikationen bei der Follikelpunktion, die unsicheren Diagnoseergebnisse oder die niedrige Schwangerschaftsrate stellen eine große Belastung dar (vgl. Spiewak 2005, 130-35, 142-44, 171). Die Zeit des Wartens ist für die Frauen emotional sehr belastend, v.a. die Zeit zwischen dem Embryotransfer und dem Schwangerschaftstest (vgl. Spiewak 2005, 98-100; Franklin/Roberts 2006, 146-49). Während dieser Zeit kann der Traum vom eigenen Kind jederzeit zerstört werden (vgl. Ziegler 2004, 146).

Angesichts der oben angeführten Risiken und Probleme, die mit einer IVF verbunden sind, kann die PID meiner Ansicht nach nicht als Alternative zur PND erachtet werden. Selbst wenn der Frau der operative Eingriff und die zukünftige Konfliktsituation erspart bleiben, ist eine PID nicht als weniger physisch und psychisch belastend einzuschätzen, als eine PND.

4.2.1.4 PID ist eine zeitlich vorgelagerte PND

Von den Befürwortern der PID wird vielfach behauptet, die PID sei nur eine zeitlich vorgelagerte PND (vgl. Kollek 2002, 14). Dieses Argument soll nachfolgend untersucht werden. Hierbei gilt es auch, die moralisch relevanten Unterscheide zwischen PID und PND herauszustellen.

Bei der PND wird die Diagnostik durchgeführt, wenn bereits eine Schwangerschaft besteht. Die Schwangere befindet sich also in einer besonderen Konfliktsituation: das Selbstbestimmungsrecht der Frau kann mit dem Lebensschutz des Embryos bzw. Fetus in Konflikt treten (vgl. Düwell 1999, 11). Bei der PID erfolgt die Befruchtung jedoch bereits mit der Absicht, den Embryo später genetisch zu untersuchen; die Konfliktsituation wird also bewusst herbeigeführt. Dadurch ändert sich die Entscheidungssituation erheblich und es ist fraglich, ob die Selektion von frühen menschlichen Embryonen in diesem Fall gerechtfertigt ist (vgl. ebd., 5).

Des Weiteren besteht zwischen dem Embryo/Fetus und der Schwangeren eine einzigartige körperliche Verbindung, die bei der PID fehlt (vgl. Keller et al. 1992, 87). Bei diesem Verfahren ist eine besondere Konfliktlage also nicht gegeben. Im Gegensatz zur PND kann hier nicht von einer subjektiven Notlage gesprochen werden, da sich der Embryo nicht *in vivo*, sondern in der Hand Dritter (Biologe und/oder Ärzte) befindet (vgl. Hepp 2000, 1215).

Weiterhin kann angeführt werden, dass es bei der PND um die Weiterführung einer Schwangerschaft mit einem Kind geht, das genetisch belastet ist. Bei der PID hingegen ist eine Entscheidung schon vor Eintritt einer Schwangerschaft gefallen. Weist ein Embryo nicht die gewünschten Eigenschaften auf, so wird er aussortiert. Außerdem fällt einer Frau der Verlust eines Embryos leichter, wenn er sich außerhalb des Mutterleibes befindet und die emotionale Bindung noch nicht so ausgeprägt ist (vgl. Mieth 2002, 179). Erst wenn die Schwangerschaft über mehrere Wochen komplikationslos verläuft, entwickelt die Schwangere eine Beziehung zu ihrem Kind. Die ersten Wochen stellen also eine Phase des Zögerns und der Vorsicht dar (vgl. Wiesemann 2006, 24).

Es kann also zusammengefasst werden, dass bei der PID die Frau nicht in eine unausweichliche Konfliktlage gerät. Bei ihr besteht immer noch die Möglichkeit, auf Kinder zu verzichten oder andere Alternativen in Anspruch zu nehmen (vgl. die Ausführungen unter 4.2.2.4 „Alternativen zur PID"). Die Konfliktsituation wird vorsätzlich herbeigeführt, da der Frau schon bei der Befruchtung bewusst ist, dass anschließend ein Test auf Lebensqualität durchgeführt wird und nicht erwünschte Embryonen aussortiert werden. Physischen und psychischen Belastungen, welche das Verfahren der PID mit sich bringt, setzt sich die Frau freiwillig aus.

Darüber hinaus ist die PID, im Gegensatz zur PND, eine *Methode der Embryonenselektion*. Es werden unter *mehreren* Embryonen diejenigen ausgewählt, die nicht von der getesteten Krankheit betroffen sind. Bei der PND hingegen, kann immer nur ein Embryo bzw. Fetus untersucht werden und es geht um die Frage der *Fortführung einer Schwangerschaft*. Dieser positive Aspekt, sich auch für die Weiterführung eines Lebens entscheiden zu können, ist bei der PID nicht vorhanden. Die PID weist also einen größeren Selektionscharakter auf wie die PND (vgl. Mieth 2001, 113). Ebenso ist bei der PID der Instrumentalisierungsgrad größer als bei der PND, falls dem Embryo eine absolute Schutzwürdigkeit zugeschrieben wird (vgl. Maio 2001, 892).

Auf den ersten Blick mag eine PID als eine zeitlich vorverlagerte PND erscheinen, aber bei einer genaueren Betrachtung dieser beiden Verfahren können erhebliche moralisch relevante Unterschiede festgestellt werden. Bei der Frau liegt zum Zeitpunkt der Selektionsentscheidung eine ganz unterschiedliche Ausgangssituation vor. Es liegt bei der Inanspruchnahme der PID noch keine Schwangerschaft vor, wohingegen bei der PND die Frau bereits schwanger ist und sich damit in einer völlig anderen Lage befindet. Die PID kann also nicht als eine reine Vorverlagerung der PND angesehen werden und somit auch keine Alternative zur PND darstellen.

4.2.1.5 Der Wunsch nach eigenen, gesunden Nachkommen

Das primäre Ziel der PID ist es, ein eigenes, gesundes Kind zu bekommen. Hochrisikopaare nehmen dieses Verfahren in Anspruch, um sich diesen Wunsch erfüllen zu können. Um dieses Ziel zu erreichen, werden mehrere Embryonen durch IVF erzeugt und anschließend diejenigen Embryonen aussortiert, welche die gewünschten genetischen Eigenschaften nicht aufweisen. Dies stellt nach Graumann (1998, 406) eine Totalinstrumentalisierung menschlichen Lebens dar.

Als einzige Indikation für die Inanspruchnahme der PID kann in diesem Fall die Trauer der Eltern aufgrund des unerfüllten Kinderwunsches gelten. Daraus ergibt sich aber kein Recht auf ein gesundes Kind. Nur weil Paare unter ihrer Kinderlosigkeit leiden, kann dies keinen Embryonenverbrauch rechtfertigen, wie das bei der PID der Fall ist. Es stehen den Eltern auch Alternativen zur Verfügung (vgl. die Ausführungen unter 4.2.2.4 „Alternativen zur PID").

Selbstverständlich ist für die meisten Frauen der Wunsch nach einem eigenen Kind von essentieller Bedeutung und stellt eine Art Grundbedürfnis dar. Erst mit der Erfüllung des Kinderwunsches sehen viele Frauen ihr Leben als erfüllt und vollkommen an. Man könnte sagen, in jeder Frau ist ein so genannter Urtrieb zur Weitergabe ihrer Gene vorhanden. So argumentiert auch die englische Warnock-Kommission: „In addition to social pressures to have children there is, for many, a powerful urge to perpetuate their genes through a new generation" (Warnock 1985, 8-9).

Dies rechtfertigt jedoch noch lange nicht das Recht auf ein gesundes Kind und in diesem Zusammenhang die verbrauchende Embryonenforschung. Frauen bzw. Paare sollten im Falle einer genetischen Belastung versuchen, ihr Schicksal so anzunehmen, ihr Leben auf diese Situation einstellen und nach einer für sie annehmbaren Alternative suchen.

Auch aus dem Grundgesetz lässt sich kein Recht auf ein gesundes Kind ableiten. Aus verfassungsrechtlicher Sicht ergibt sich zwar aus Art. 2 Abs. 1 GG das Recht auf Fortpflanzungsfreiheit und somit das Recht auf Nachkommen, jedoch lässt sich damit noch lange nicht das Recht auf ein gesundes Kind rechtfertigen (vgl. Haker 2002, 162; NER 2003, 122).

Darüber hinaus ist noch einmal darauf hinzuweisen, dass auch die PID keine Garantie für ein gesundes Kind geben kann (vgl. dazu auch die Ausführungen unter 4.2.1.1 „PID zur Effizienzsteigerung der IVF"). Der größte Teil aller Behinderungen ist nicht genetisch bedingt, sondern wird peri- oder postnatal „erworben" (vgl. EK 2002, 97).

4.2.1.6 Das PID-Verbot begünstigt die Abwanderung von Wissenschaftlern aus Deutschland

Befürworter der PID befürchten, dass Deutschland ohne die Zulassung der PID den Anschluss an die internationale Forschung verpassen könnte (vgl. Mieth 2002, 168) und immer mehr deutsche Wissenschaftler ins Ausland abwandern (vgl. ebd. 2003, 64).

Dies erscheint problematisch, wenn im Ausland tatsächlich durch das Aneuplodie-Screening die Erfolgsrate der IVF gesteigert werden kann und bessere Schwangerschaftsraten erzielt werden. Ein Zurückbleiben Deutschlands im Bereich der Reproduktionsmedizin hätte dann verheerende Auswirkungen. Es müsste diskutiert werden, ob hierzulande die IVF überhaupt noch offeriert werden darf, wenn die Erfolgsraten weit hinter denen im Ausland liegen. Frauen, die sich dem belastenden Verfahren der IVF unterziehen, haben ein Recht auf eine optimale Behandlung (vgl. Schwinger 2003, 28). Darüber hinaus würden möglicherweise immer mehr deutsche Wissenschaftler und Mediziner ins Ausland gehen, um dort ihre Kenntnisse auf dem Gebiet der Reproduktionsmedizin zu erweitern.

Es kann aber auch vermutet werden, dass durch die Debatten zur Embryonenforschung in Deutschland und damit auch der PID, der Weg zur Forschung an menschlichen Embryonen bereitet werden soll und Wissenschaftler nur ihre eigenen Forschungsinteressen durchsetzen möchten. So könnte behauptet werden, dass es ihnen dabei weniger um das Wohl der Frauen bzw. Paare geht, die eine IVF in Anspruch nehmen wollen, als um ihr eigenes egoistisches Interesse, die Embryonenforschung auch in Deutschland weiter voranzutreiben (vgl. Kollek 2002, 174).

Grundsätzlich ist es wichtig, immer mehr Kenntnisse auf dem Gebiet der Reproduktionsmedizin und Embryologie zu erwerben. Diese erhält man natürlich am besten, wenn die frühe Embryonalentwicklung auch an menschlichen Embryonen untersuchen werden kann. Unter dem Aspekt ist das Interesse an der Embryonenforschung der Wissenschaftler verständlich.

Jedoch sind hier auch Grenzen zu setzen, wenn das Lebensrecht und die Schutzwürdigkeit eines menschlichen Lebewesens betroffen sind (vgl. Kollek 2002, 174-76). Dies ist beispielsweise bei der PID der Fall, da für dieses Verfahren eine verbrauchende Embryonenforschung unvermeidlich ist.

4.2.1.7 Verstärkter PID-Tourismus ins benachbarte Ausland bei einem bestehenden Verbot

Für die Zulassung der PID wird weiterhin argumentiert, dass bei einem hierzulande bestehenden PID-Verbot interessierte Paare die PID im Ausland in Anspruch nehmen würden. Die Einführung dieses Verfahrens könne daher langfristig nicht aufgehalten werden (vgl. Neuer-Miebach 1999, 127). Ein PID-Tourismus von Deutschland nach Brüssel kann laut Spiewak (2005, 164) bereits beobachtet werden.

Diese Argumentation wirkt auf die Gegner der PID nicht überzeugend. Würde die „Auslandsbegründung" ernst genommen, so müsste Deutschland von allen Ländern die „liberalste" Regulierung menschlicher Embryonen wählen (vgl. NER 2003, 88). Jegliches Gesetz wäre dann hierzulande sinnlos, da ausländische Regulierungen Deutschland in die Quere kommen könnten. Es wird immer einen aktuelleren Stand der Forschung oder irgendeine Technik geben, die hierzulande noch nicht etabliert ist.

Weiterhin ist es fraglich, ob es tatsächlich zu einem größeren PID-Tourismus deutscher Paare kommen würde. Die PID ist im Ausland sehr kostenintensiv und daher können sich nur begüterte Personen dieses Verfahren leisten (vgl. Franklin/Roberts 2006, 140-41).

4.2.1.8 Wertungswiderspruch zwischen PID-Verbot und erlaubtem Schwangerschaftsabbruch

Befürworter der PID sehen einen Wertungswiderspruch zwischen erlaubten Schwangerschaftsabbruch bei gegebener Konfliktsituation und verbotener PID (vgl. Maio 2001, 890). Es könne nicht sein, dass dem Embryo vor der Implantation ein höherer Schutz zukomme als dem Embryo in utero (vgl. die Ausführungen unter 3.1.3 „Zur Frage des Wertungswiderspruchs zwischen ESchG und der Schwangerschaftsabbruchregelung gemäß den §§ 218ff. StGB").

Das Argument des Wertungswiderspruchs ist jedoch kein wirklich stichhaltiges Argument, denn bei genauerer Betrachtung lassen sich zwei verschiedene Aspekte erkennen, die diese scheinbare Widersprüchlichkeit aufheben könnten. So lässt sich etwa anführen, dass es durchaus angemessen erscheint, dem noch nicht implantierten Embryo einen höheren Schutz zuzusprechen als dem Fetus im Mutterleib, da dieser besonders *schutzlos* ist. Ein Embryo *in vitro* ist im Labor viel weniger vor der Vernichtung geschützt als bei der PND, wo er sich *in vivo* befindet (vgl. Maio 2001, 890).

Weiterhin könnte das Argument angeführt werden, dass in-vitro Embryonen ein größerer Schutz zukomme, als Feten im Mutterleib, weil bei der PID keine Notlage vorliege und im Gegensatz zum Schwangerschaftsabbruch keine Konfliktsituation zwischen dem Lebensrecht des Embryos und dem Selbstbestimmungsrecht der Schwangeren vorhanden sei (vgl. Maio 2001, 890).

Dem Argument der besonderen Schutzwürdigkeit von in-vitro Embryronen wird entgegen gehalten, dass es dann nicht einsichtig wäre, warum hierzulande Nidationshemmer als Verhütungsmittel akzeptiert würden (vgl. ebd.).

Es ist nochmals besonders darauf hinzuweisen, dass sich die Frau bei der PID nicht in einer *unvermeidlichen* Notlage befindet, da noch keine Schwangerschaft besteht. Die schwere Konfliktsituation, sich bei bestehender Schwangerschaft für oder gegen ein Kind mit einer Behinderung entscheiden zu müssen, ist bei der PID nicht vorhanden. Der Frau stehen immer noch Alternativen zur Verfügung (vgl. die Ausführungen unter 4.2.2.4 „Alternativen zur PID"). Daher kann das Argument des Wertungswiderpruchs auch nicht für die Zulassung der PID herangezogen werden. Die Sachverhalte unterscheiden sich bei der PID bzw. PND signifikant und können daher nicht miteinander verglichen werden.

4.2.2 Argumente gegen eine Zulassung der PID

4.2.2.1 Bedenken gegenüber der assistierten Reproduktion und dem Verfahren der PID

Kritiker der PID führen an, dass das Verfahren der PID mit der extrakorporalen Befruchtung als Voraussetzung, eine Reihe von Problemen und Risiken mit sich bringt. Hierbei kann zwischen den Auswirkungen der assistierten Reproduktion und der PID per se unterschieden werden. Diese wurden bereits im medizinisch-naturwissenschaftlichen Teil der Studie näher erläutert. Der Vollständigkeit halber soll die Problematik jedoch an dieser Stelle auch noch einmal dargestellt bzw. diskutiert werden

An dieser Stelle soll noch einmal darauf hingewiesen werden, dass die Paare, die eine PID in Anspruch nehmen, auch auf natürlichem Wege schwanger werden können. Sie müssen sich jedoch dem belastenden Verfahren der IVF unterziehen, damit die Embryonen extrakorporal vorliegen und eine PID durchgeführt werden kann. Hier stellt sich die Frage, ob die Risiken einer IVF für Frauen ohne Fertilitätsprobleme überhaupt vertretbar sind (vgl. Düwell 1999, 5).

4.2.2.1.1 Auswirkungen der assistierten Reproduktion

Die IVF ist mit vielen Problemen und Belastungen verbunden. Die Notwendigkeit der IVF wird daher von den Gegnern als eines der Hauptargumente gegen die PID angeführt. Durch das Zurücksetzen von mehr als einem Embryo besteht die Gefahr einer Mehrlingsschwangerschaft oder die Frau kann durch die Hormonbehandlungen ein OHSS erleiden. Weiterhin besteht die immer noch ungelöste Problematik der so genannten überzähligen Embryonen durch die IVF. Auch die niedrigen Schwangerschafts- und Baby-take-home-Raten geben Anlass zur Besorgnis. Darüber hinaus geht die assistierte Reproduktion mit einem erhöhten Risiko für kindliche Fehlbildungen einher.

Bei all den Belastungen und den geringen Erfolgsaussichten wird wiederholt die Frage nach der Instrumentalisierung der Frau gestellt. Mieth (1999, 81) fragt in diesem Zusammenhang, inwieweit es moralisch akzeptabel sei, die Subfertilität des Mannes durch Eingriffe bei der Frau zu therapieren. Nachfolgend sollen daher die einzelnen Bedenken in Bezug auf die IVF noch einmal kurz dargestellt werden.

Erhöhtes Risiko einer Mehrlingsschwangerschaft

Ein besonders schwerwiegendes Problem der IVF ist die hohe Rate an Mehrlingsschwangerschaften. Bei der extrakorporalen Befruchtung werden der Frau in der Regel zwei Embryonen in die Gebärmutter eingesetzt, wodurch es vermehrt zu Zwillingsgeburten kommt (vgl. auch die Ausführungen unter 2.4.1.2.1 „Erhöhtes Risiko einer Mehrlingsschwangerschaft durch den Transfer mehrerer Embryonen").

Hierdurch ergeben sich erhebliche gesundheitliche Risiken für die Frau und die Entwicklung der Mehrlingskinder: Oft kommt es zu Früh- oder Fehlgeburten oder die Kinder kommen mit Behinderungen auf die Welt. Überdies leiden die Frauen häufiger an Depressionen oder neigen zu Bluthochdruck und Diabetes (vgl. Spiewak 2005, 133-34).

Weiterhin muss für Mehrlingskinder sehr viel Zeit aufgewendet werden. Gefühle der Überlastung werden häufig beschrieben, was nicht selten zu Partnerschafts- oder Eheproblemen führt (vgl. auch die Ausführungen unter 2.4.1.2.1 „Erhöhtes Risiko einer Mehrlingsschwangerschaft durch den Transfer mehrerer Embryonen").

Für die Frau stellt also schon aus diesem Grund eine IVF eine enorme Belastung dar. Da sind einerseits die physischen Probleme, die mit Mehrlingsschwangerschaften einhergehen, andererseits jedoch auch die psychischen Belastungen. Manchmal muss beispielsweise eines der Mehrlinge abgetrieben werden, damit die anderen Kinder überleben können. Dabei wird ein tödliches Gift in das Herz des Fetus gespritzt und das Ungeborene stirbt nach kurzer Zeit. Für eine Frau ist dieser Eingriff nur schwer zu verkraften und meist werden sie hinterher von schweren Depressionen geplagt (vgl. Spiewak 2005, 135-37).

Risiken der Hormonbehandlungen

Aufgrund der Hormonbhandlungen ist die IVF mit einigen medizinischen Gefahren für die Frau verbunden. Frauen berichten von Kopfschmerzen, Stimmungsschwankungen, Depressionen, Spannungsgefühlen in der Brust oder Müdigkeit. Sehr selten kann es jedoch auch zum ovariellen Hyperstimulationssyndrom (OHSS) kommen, was für die Frau lebensgefährlich sein kann (vgl. die Ausführungen unter 2.4.1.1.1 „Ovarielles Hyperstimulationssyndrom"). Auch das erhöhte Auftreten von Ovarialkrebs wird im Zusammenhang mit IVF-Behandlungen diskutiert (vgl. Neuer-Miebach 1999; Spiewak 2005, 143-44). Auf alle Fälle ist auch die Hormonbehandlung im Rahmen de IVF/PID-Zyklus mit erheblichen gesundheitlichen Beeinträchtigungen und Risiken für die Frau verbunden.

Problematik der so genannten überzähligen Embryonen

Die IVF führt zur Entstehung so genannter überzähliger Embryonen, die aus verschiedenen Gründen nicht transferiert werden (vgl. die Ausführungen unter 2.4.1.2.3 „Ungelöste Problematik der überzähligen Embryonen"). Falls beispielsweise eine Schwangerschaft nicht sofort eintritt, kann auf vorrätige Embryonen zurückgegriffen werden. Die Verwendung solcher überzähliger Embryonen zu Forschungszwecken rückt immer mehr in den Blickpunkt, wie beispielsweise in der Debatte um die Forschung an embryonalen Stammzellen (vgl. Schramme 2002, 51).

Bei einer Etablierung der PID in Deutschland würden zwangsläufig auch vermehrt „überzählige" Embryonen entstehen (vgl. NER 2003, 79), weil für dieses Diagnostikverfahren etwa zehn Embryonen erforderlich sind; nur so können Embryonen mit nicht erwünschten Merkmalen selektiert werden (vgl. Harper et al. 2001, 130). Sind dann erst einmal so genannte überzählige Embryonen vorhanden, so kommt die Frage auf, ob sie zu Forschungszwecken verwendet oder verworfen werden sollen (vgl. Prüfer/Stollorz 2003, 40).

Es kann also befürchtet werden, dass mit einer Zulassung der PID in Deutschland auch die Zahl der so genannten überzähligen Embryonen erhöht wird; nur wenn mehrere Embryonen vorhanden sind, kann eine genetische Auswahl getroffen werden. In einem ersten Schritt müssten daher erst einmal Vorschläge zur Reduktion solcher überschüssigen Embryonen vorgebracht bzw. Verfahren entwickelt werden, welche die Entstehung dieser Embryonen verringern. Hier kann beispielsweise die bereits angesprochene Kryokonservierung unbefruchteter Eizellen angeführt werden. Auch die Embryonenadoption wäre eine ethisch akzeptable Möglichkeit, dieser Problematik zu begegnen. Im Gegensatz zu einer postnatalen Adoption könnte die Frau schon während der Schwangerschaft eine besondere emotionale Beziehung zu ihrem Kind aufbauen.

Niedrige Baby-take-home-Rate

Die IVF geht mit niedrigen Erfolgsraten einher (vgl. Spiewak 2005, 119-20). Diese werden durch das DIR als so genannte Baby-take-home-Rate angegeben (vgl. die Ausführungen unter 2.4.1.1.2 „Psychische Belastungen der Frau"). Diese betrug 2005 etwa 17 % pro IVF-Zyklus (vgl. DIR

2007, 10). Dabei publiziert das DIR nur Durchschnittswerte für die Patienten, die sich wegen Fertilitätsproblemen einer IVF unterziehen. Das Alter der Frau ist dabei von besonderer Bedeutung. Ab einem Alter von 40 Jahren können nur noch 12 % der Frauen ihren Kinderwunsch erfüllen und das auch erst nach drei IVF-Zyklen. Auch die Qualität der Eizellen nimmt mit zunehmenden Jahren ab und so steigt auch das Risiko einer Fehlgeburt (vgl. Spiewak 2005, 121).

Diese relativ geringen Erfolgsraten stellen eine große Belastung für die Frau dar. Oft muss sich eine Patientin mehrere Male einer IVF-Behandlung unterziehen, bis eine Schwangerschaft eintritt. Viele werden auch nach mehreren IVF-Zyklen nicht schwanger. Bei den Paaren bzw. der Frau baut sich mit jedem Versuch mehr Druck auf. Oft kommt es zu Partnerschaftsproblemen, weil sich das ganze Leben nur noch um die IVF-Behandlung dreht. Zunehmend isolieren die Betroffen sich von ihrem sozialen Umfeld, bis sich endlich eine Schwangerschaft eingestellt hat. Es kann regelrecht von einer Sucht gesprochen werden und vielen Paaren fällt es sehr schwer, die Behandlung abzubrechen. Manche verschulden sich auch durch die IVF (vgl. Spiewak 2005, 97-103).

Bei all diesen Strapazen und Belastungen sollte daran gedacht werden, dass die meisten Frauen, die eine PID durchführen lassen wollen, nicht unter Fertilitätsproblemen leiden und daher auch keine IVF bräuchten (vgl. Engels 1998, 297). Ihnen geht es lediglich um ein gesundes Kind. Hier stellt sich nun die Frage, ob dieses aufwendige und psychisch bzw. physisch belastende Verfahren der IVF auch für Frauen ohne Fertilitätsprobleme vertretbar ist. Jeder ist zwar für sich selbst verantwortlich, jedoch ist nicht klar, ob eine Frau über die Schwierigkeiten, die bei der PID auf sie zukommen würden, ausreichend informiert ist. Beratende Personen müssten also bei der Einführung der PID in Deutschland unbedingt auf jegliche Probleme und Belastungen hinweisen, die mit diesem Verfahren verbunden sind (vgl. Düwell 1999, 6).

Kindliche Fehlbildungen

Die assistierte Reproduktion ist mit einem erhöhten Risiko von kindlichen Fehlbildungen und Entwicklungsstörungen verbunden (vgl. die Ausführungen unter 2.4.1.2.2 „Kindliche Fehlbildungen durch künstliche Befruchtungsmethoden"). Es gibt jedoch noch keine verlässlichen Aussagen darüber, in welchem Umfang bei einer künstlichen Befruchtung mit erhöhten Missbildungsraten oder Krankheiten zu rechnen ist (vgl. NER 2003, 34).

Treten jedoch im Laufe der Zeit vermehrt Fehlbildungen nach einer IVF-Behandlung auf, gäbe dies Anlass zur Besorgnis und es müsste hinterfragt werden, ob die assistierte Reproduktion für die Kinder noch zumutbar wäre.

4.2.2.1.2 Zusätzliche Auswirkungen durch das Verfahren der PID

Wie im medizinisch-naturwissenschaftlichen Teil der Studie bereits dargelegt wurde, ist auch die PID per se mit einigen Risiken und Problemen verbunden. Diese sollen der Vollständigkeit halber im Rahmen der ethischen Debatte um die PID noch einmal erwähnt und diskutiert werden.

Der Verbrauch von totipotenten Zellen

Es wurde bereits dargestellt, dass die genetische Untersuchung des embryonalen Genoms mit der Entnahme einer oder zweier embryonalen Zellen verbunden ist. Diese können zum Zeitpunkt der Entnahme, die meist im 8-Zell-Stadium erfolgt, noch totipotent sein.

In diesem Fall besitzen sie bei entsprechender Kultivierung die Fähigkeit, sich zu einem vollständigen Organismus zu entwickeln (vgl. die Ausführungen unter 2.1.2 „Zur Totipotenz der embryonalen Zellen").

Hierbei handelt es sich um eine Klonierung, also um die Herstellung von genetisch identischen Embryonen durch Abspaltung und Kultivierung von Zellen, die Totipotenz aufweisen (vgl. Mieth 2002, 164-65). Da aus diesen Zellen ein lebensfähiger Organismus entstehen kann, ist nach dem deutschen ESchG die Entnahme solcher Zellen nicht legitim (vgl. die Ausführungen unter 3.1.2 „Interpretation des ESchG in Bezug auf die PID").

Bei der Untersuchung des Erbmaterials werden die entnommenen Zellen unvermeidlich zerstört (vgl. NER 2003, 80). Weisen diese Zellen noch Totipotenz auf, wird also auch der eigentliche Embryo vernichtet. Folglich werden die entnommenen Eizellen der Frau nicht ausschließlich mit dem Ziel befruchtet, sie zu erhalten. Dies schreibt aber das deutsche ESchG vor. Die Oozyten werden mit der Option befruchtet, sie nach erfolgter Diagnose wieder zu verwerfen, falls ein genetischer Defekt vorliegt. Dies kommt einer „IVF auf Probe" gleich (vgl. Mieth 2002, 165). Kritiker der PID stehen also schon aufgrund der Verwendung von potentiell totipotenten Zellen bei diesem Verfahren, einer Zulassung negativ gegenüber.

Nach derzeitigem Erkenntnisstand besteht noch keine Klarheit darüber, bis zu welchem Zeitpunkt der Embryonalentwicklung die Embryonalzellen als totipotent einzustufen sind. Es wird aber davon ausgegangen, dass die Zellen bei der Entnahme im 6- bis 10-Zell-Stadium noch Totipotenz aufweisen können (vgl. die Ausführungen unter 2.1.2 „Zur Totipotenz der embryonalen Zellen").

Eine PID wäre demnach also im Hinblick auf die Totipotenz der embryonalen Zellen nach dem ESchG möglich, wenn die dafür benötigten Zellen aus Embryonen entnommen werden, die deutlich mehr als acht Zellen aufweisen (z.b. Embryonen im Blastozystenstadium). Es wird daher dafür plädiert, die PID bei der Entnahme von Embryonalzellen nach dem 8-Zell-Stadium zuzulassen (vgl. BÄK 2000, 528). Kritiker wenden jedoch ein, dass auch noch andere Bestimmungen des ESchG dann mit der PID konfligieren würden (vgl. Kollek 1999, 121).

Es könnte jedoch auch auf eine andere Form der Biopsie zurückgegriffen werden, bei welcher keine Blastomeren entnommen werden müssten. Wie bereits angesprochen, gibt es auch die Möglichkeit der Polkörperchenbiopsie. Die genetische Untersuchung erfolgt hier am ersten oder zweiten Polkörperchen der Eizelle (vgl. die Ausführungen unter 2.2.3 „Polkörperbiopsie der Eizelle"). Diese Biopsiemethode würde nicht mit einem Verbrauch von Embryonen einhergehen. Auch wenn die Polkörperbiopsie einige Nachteile aufweist, könnten mit Hilfe dieses Verfahrens zumindest Aussagen zur Veränderung des mütterlichen Erbmaterials getroffen werden. Darüber hinaus gäbe es keine Unverträglichkeiten mit dem ESchG.

Risiken von Mikromanipulationen am Embryo

Die Durchführung der PID ist mit der Entnahme von ein bis zwei Blastomeren verbunden. Diese so genannte Blastomerbiopsie erfolgt meistens an Embryonen im 8-Zell-Stadium. Dabei wird dem Embryo bis zu einem Viertel seiner Zellmasse entzogen. Es wird nun befürchtet, dass diese Biopsie negative Auswirkungen auf die Weiterentwicklung des Embryos haben könnte (vgl. die Ausführungen unter 2.4.2.2. „Auswirkung der Biopsie auf die Weiterentwicklung des Embryos").

Auch aus diesem Grund stehen die Kritiker einer Zulassung der PID negativ gegenüber. Solange nicht abschließend geklärt ist, dass Embryonen durch die Zellentnahme nachhaltig nicht geschädigt werden – immerhin wird diesen ein erheblicher Teil ihrer Zellmasse entzogen – gilt es zu diskutieren, ob dieses Verfahren für die Kinder überhaupt zumutbar ist.

Fehldiagnosen

Bei der PID kommt es immer wieder zu Fehldiagnosen. Zur Bestätigung der Diagnose wird daher in etwa 50 % der Fälle noch eine invasive PND durchgeführt. In der Literatur wird von Fehldiagnosen bis zu 36 % berichtet (vgl. die Ausführungen unter 2.4.2.3 „Fehldiagnosen").

In Anbetracht dessen, dass sich eine Frau zur Absicherung des Diagnoseergebnisses zusätzlich einer PND unterziehen muss, die ihrerseits weitere medizinische Risiken für die Schwangere und das Kind mit sich bringt, ist zu hinterfragen, ob die Einführung der PID sinnvoll ist.

Weiterhin gilt es zu bedenken, dass es bei der PID auch möglicherweise zur Selektion von Embryonen kommt, die ‚gesund' sind, da vom Genotyp nicht immer auf den tatsächlichen Phänotyp geschlossen werden kann (vgl. Graumann 1998, 403-04). Zwei Personen können beispielsweise den gleichen Genotyp aufweisen, aber sich in ihrer phänotypischen Ausprägung voneinander unterscheiden. Dieses Phänomen wird als *variable Expressivität* bezeichnet (vgl. Buselmaier/Tariverdian 1999, 319). Im Nachhinein lässt sich jedoch nicht mehr überprüfen, ob unter den verworfenen Embryonen auch ‚gesunde' waren, da diese ja verworfen werden (vgl. Graumann 1998, 404).

Erweiterung der IVF-Indikation

Die Richtlinien zur Durchführung der assistierten Reproduktion der BÄK sehen vor, dass die IVF nur als Sterilitätsbehandlung eingesetzt werden darf (vgl. BÄK 2006, 1394). Frauen bzw. Paare, die sich einer PID unterziehen wollen, haben jedoch keine Fertilitätsprobleme und könnten auf natürlichem Wege Kinder bekommen. Damit fehlt bei der PID die therapeutische Intention und die IVF-Indikation verändert sich. Die Sterilität kann in diesem Fall nicht als Indikation zur IVF-Anwendung angesehen werden (vgl. Ruppel/Mieth 1998, 361).

Die PID verfolgt also primär keine therapeutischen Ziele wie die assistierte Reproduktion, vielmehr sollen mit Hilfe dieses Verfahrens diejenigen Embryonen aussortiert werden, welche Behinderungen aufweisen. Durch die PID wird somit die IVF-Indikation erweitert.

4.2.2.2 Beurteilung unter dem Gesichtspunkt wahrscheinlicher Folgen

In den nachfolgenden Ausführungen soll auf die befürchteten Konsequenzen bei einer Zulassung der PID eingegangen werden, da diese in der Debatte um die PID eine große Rolle spielen.

4.2.2.2.1 Probleme der Begrenzung der Indikation für die PID

Gegen die Zulassung der PID wird angeführt, dass es erhebliche Schwierigkeiten bei der Regulation dieses Verfahrens geben werde und sich eine Indikationsbegrenzung nicht so einfach realisieren lasse (vgl. EK 2002, 98-99; NER 2003, 98).

Im Hinblick auf die Möglichkeit der Indikationsbeschränkung bei einer Einführung der PID in Deutschland werden insbesondere zwei Modelle diskutiert (vgl. ebd.):

- Begrenzung durch eine Indikationsliste
- Begrenzung durch eine Generalklausel

Die Möglichkeit der Beschränkung der PID durch einen *Indikationskatalog* mit Aufführung schwerer, genetischer Erkrankungen wird vielfach kritisiert. Behinderte Menschen, welche selbst an den genannten Krankheiten leiden, würden dies als diskriminierend empfinden (vgl. ebd.). Es käme der Eindruck auf, diese Menschen seien weniger lebenswert als andere (vgl. Bundesvereinigung Lebenshilfe 2001, 27). In diesem Zusammenhang wehrt sich beispielsweise die Selbsthilfegruppe Mukoviszidose e.V., dass „Mukoviszidose immer als Paradebeispiel für die schwersten genetischen Erkrankungen genannt wird, für die PID zugelassen werden sollte" (Mukoviszidose e.V. 2001).

Im Falle einer Einführung der PID in Deutschland sollte aus den genannten Gründen auf eine Indikationsliste verzichtet und eine anderen Regulierung gefunden werden. Menschen, die an einer im Katalog aufgeführten Erkrankung leiden, würden sich sonst fühlen, als seien sie in der Gesellschaft unerwünscht. Sie hätten immer mehr das Gefühl, abgewertet und abgelehnt zu werden. Dies wäre ethisch nicht verantwortbar. Nur weil ein bestimmter, im Katalog verzeichneter, unerwünschter Genotyp festgestellt wird, rechtfertigt dies noch lange keine Selektion. Wie bereits angesprochen, kann vom Genotyp nicht immer auf den Phänotyp geschlossen werden.

Von der BÄK werden im Diskussionsentwurf zu einer Richtlinie zur PID (2000, 526-27) schwere, genetische Erkrankungen als Indikationsgrundlage für eine PID vorgeschlagen. Hier stellt sich gerade die Frage, welche Krankheiten in diese Kategorie fallen. Es soll an dieser Stelle noch einmal betont werden, dass die Expressivität der Erkrankung sehr stark variieren kann.

Als weitere Möglichkeit der Beschränkung wird eine *Generalklausel* diskutiert, beispielsweise in Bezug auf ein hohes Risiko für eine schwere, le-
bensbedrohliche genetische Erkrankung (vgl. EK 2002, 99; NER 2003, 98).
Auch dieser Vorschlag ist umstritten, da eine solche Klausel breit ausge-
legt werden kann. Die Problematik der Erweiterung der Anwendungsbereiche wäre in diesem Fall noch größer als bei einem Indikationskatalog
(vgl. EK 2002, 99; NER 2003, 98). Aus diesem Grund plädiert beispielsweise die BÄK dafür, dass die PID nur im Einzelfall nach einer Prüfung durch
eine zentrale Kommission durchgeführt werden sollte (vgl. BÄK 2000,
527). Diesem Vorschlag wird entgegen gehalten, dass die betroffenen
Paare dadurch in einer nicht zu rechtfertigenden Weise bevormundet
würden (vgl. EK 2002, 99).

Damit stellt sich die Frage, ob es Kriterien für die Festlegung des Schwe-
regrades einer Krankheit gibt, für welche eine PID rechtfertigbar wäre
und wie der Gefahr einer Indikationsausweitung begegnet werden kann.
Aber wer kann schon entscheiden, wann eine Aussortierung menschlichen Lebens gerechtfertigt sein soll?

Im Hinblick auf die bisherige Entwicklung und Handhabung der PND wird
deutlich, dass es zu einer ständigen Indikationserweiterung dieses Verfahrens kam. Auch die PND war anfangs nur für wenige Einzelfälle vorgesehen, wenn ein bekanntes hohes Risiko für ein schwer krankes Kind bestand. Heutzutage gehört die PND ganz selbstverständlich zur Schwangerschaftsvorsorge, um jegliche Risiken für die Schwangere abzuklären (vgl.
NER 2003, 96, 102). In Anbetracht der Erfahrungen mit der PND kann auch
bei der PID mit einer Ausweitung der Indikationen gerechnet werden.

Bei der PID besteht zusätzlich noch die Gefahr der verstärkten Selektion,
da noch keine Schwangerschaft besteht und somit die Hemmschwelle zur
Aussortierung menschlichen Lebens geringer ist. Umso wichtiger ist es
daher, die PID noch besser und umfassender zu regulieren, als die PND.

4.2.2.2.2 Zur Selektionsproblematik

Die PID ermöglicht die Selektion genetisch belasteter Embryonen bzw.
die Aussortierung von Embryonen, die unerwünschte Eigenschaften aufweisen. Sie zielt also darauf ab, Embryonen zu identifizieren, die als weniger lebenswert beurteilt werden. Diese werden dann einfach verworfen.
Wird diesen frühen Embryonen ein absoluter Lebensschutz zugesprochen, wäre diese Technik moralisch nicht vertretbar.

Weiterhin soll noch einmal betont werden, dass bei der PID noch keine
Schwangerschaft besteht und so keine aktuelle Konfliktsituation vorliegt.

Die Frau muss sich nicht für oder gegen ein bestimmtes Kind entscheiden. Auch die emotionale Bindung zum frühen Embryo ist nicht vorhanden und daher fällt es viel leichter, einen Verlust zu akzeptieren. Die Hemmschwelle zur Selektion ist also bei der PID viel niedriger, als bei der PND. In vitro kann die Entscheidung gegen einen Embryo einfacher getroffen werden, als bei einer konkret existierenden Schwangerschaft. In diesem Fall überlegt die Frau eher, ob sie bei einem genetisch belasteten Kind ihr Schicksal vielleicht doch annehmen sollte. Auch unter diesem Aspekt wirft die PID eine Reihe von Problemen auf; die emotionale Distanz ist einfach größer bei Embryonen, die in vitro vorliegen.

Bei einer Einführung der PID sollte unbedingt umfassend geregelt werden, wann die Frau bzw. das Paar sich gegen einen Embryotransfer entscheiden darf. Aufgrund der fehlenden emotionalen Bindung zum Embryo könnte auch leicht ein Embryo aussortiert und weggeworfen werden, bei welchem beispielsweise keine so schwerwiegende Krankheit zu erwarten ist (vgl. Schwinger 2003, 26). In diesem Zusammenhang soll auch noch einmal auf die Heterozygotenproblematik verwiesen werden (vgl. die Ausführungen unter 2.3.10 „Exkurs: Heterozygotenproblematik bei der PID"). Hier stellt sich die problematische Frage, wie mit heterozygoten Embryonen verfahren werden soll, die gesunde Überträgerinnen bzw. Überträger sind. Auf diese Problematik soll an dieser Stelle jedoch nicht weiter eingegangen werden.

Das Selektionsproblem steht in direktem Zusammenhang mit der Frage nach der Begrenzung der Indikationen für die PID, worauf bereits im vorigen Kapitel eingegangen wurde. Wie lässt sich das Verfahren der PID sinnvoll regeln, damit es nicht zu einer unkontrollierten Selektion früher Embryonen kommt? Für welche Krankheiten darf die PID durchgeführt werden? Ab wann gilt eine Krankheit als „schwer" oder „nicht wirksam therapiebar"? Derzeit wird die Frage sehr unterschiedlich beantwortet, ab wann von einer „schweren" Krankheit gesprochen werden kann (vgl. NER 2003, 94). In diesem Zusammenhang kommt es auch immer wieder zur Debatte um die Zulässigkeit der Selektion von immunkompatiblen Embryonen oder der Auswahl von Embryonen nach dem Geschlecht oder einer bestimmten Behinderung. Darauf soll jedoch später noch einmal ausführlicher eingegangen werden (siehe dazu die Ausführungen unter 4.2.2.3 „Bedenken gegenüber der Anwendung der PID ohne spezifische Krankheitsindikation").

Gegen eine Zulassung der PID wird weiterhin angeführt, dass bei der Definition der bedeutsamen Krankheiten kein Konsens zu erzielen sei, da die

Zahl der diagnostizierbaren Erbkrankheiten und behandelbaren Krankheiten laufend zunehmen werde (vgl. ebd., 95).

Zusammenfassend soll an dieser Stelle noch einmal festgehalten werden, dass die PID auf die Selektion von Embryonen abzielt, die beispielsweise aus Sicht der Ärztinnen und Ärzte bzw. Paare eine geringere Lebensqualität besitzen (vgl. Ruppel/Mieth 1998, 376). Es wird somit noch bevor ein Kind auf die Welt kommt ein Lebenswerturteil gefällt und über das zukünftige Schicksal entschieden. Hier gilt es zu hinterfragen, ob überhaupt irgendein Mensch dazu berechtigt ist, eine Entscheidung über Lebensqualität zu treffen.

4.2.2.2.3 Eugenik-Gefahr

Kritiker der PID befürchten durch dieses Verfahren einen möglichen Einstieg in die Eugenik. Hier kann zwischen zwei verschiedene Vorgehensweisen unterschieden werden: die positive und die negative Eugenik (vgl. Schramme 2002, 77). Diese beiden Begriffe sollen im Folgenden kurz erläutert werden (vgl ebd.):

- Positive Eugenik: Auswahl erwünschter Eigenschaften bzw. Versuch einer Verbesserung der genetischen Ausstattung des Menschen hinsichtlich erwünschter spezieller Eigenschaften.

- Negative Eugenik: Verhinderung oder Eliminierung bestimmter Krankheiten.

Es wird nun behauptet, mit der PID wäre erstmals eine probate positive Eugenik möglich, da mit Hilfe dieses Verfahrens diejenigen Embryonen ausgesucht werden könnten, welche gewünschte Eigenschaften aufweisen. Dies würde sie von der PND abgrenzen, weil es bei dieser Technik um eine negative Eugenik gehe (vgl. EK 2002, 101).

Die Gegner der PID befürchten eine in großem Umfang durchgeführte, vorgeburtliche Qualitätskontrolle, an deren Ende Paare bzw. Frauen Kinder nach ihren Vorstellungen auswählen könnten bzw. die Verbesserung des menschlichen Genpools stehe (vgl. Spiewak 2005, 172-73). Vermehrt wird von der Furcht vor den so genannten Designerbabys gesprochen.

Schon heute wird deutlich, dass vermehrt auf Spendersamen zur Erzeugung von Kindern zurückgegriffen wird. In den USA können Frauen bzw. Ehepaare in so genannten Samenbanken ihren Erzeuger beispielsweise nach Rasse, ethnischer oder geographischer Herkunft, Religion, Blutgruppe, Haarfarbe, Augenfarbe, Größe, Gewicht, Beruf und Interessen auswählen. Tatsächlich glauben viele Frauen, dass ihre Kinder dann die gleichen Eigenschaften besitzen wie die ihres Spenders (vgl. Maranato 1996, 183-84). Dies ist jedoch schon aufgrund der bereits angesprochenen multifaktoriellen Vererbung von Merkmalen nicht möglich (vgl. die Ausführungen unter 2.3.1 „Exkurs: Erbgänge und Chromosomenstörungen").

Die PID stößt also schon deshalb an ihre Grenzen. Um beispielsweise bestimmte Eigenschaften wie Augen- oder Haarfarbe, Körpergröße oder Intelligenz auswählen zu können, wären sehr viele Eizellen erforderlich. Im Rahmen der derzeitigen Verfahren der assistierten Reproduktion können jedoch nur wenige Eizellen gewonnen werden. Solange also keine neuen Methoden entwickelt werden, um Eizellen in großem Umfang herstellen zu können, dürfte die Angst vor den so genannten Designer-Babys unbegründet bleiben. Darüber hinaus sind die Gene, die diese Eigenschaften beeinflussen, weitgehend unbekannt. (vgl. NER 2003, 38).

Weiterhin wird angeführt, dass mit der PID auch wissenschaftliche Ziele verfolgt würden. Erbkrankheiten könnten mit diesem Verfahren bereits im Labor eliminiert werden. Diese von Genetikern verfolgte Absicht, Erbkrankheiten zu eliminieren, ist von Eugenik jedoch nicht zu trennen (vgl. Maranato 1996, 34-35).

Es soll jedoch auch erwähnt werden, dass viele Frauen bzw. Paare, die eine PID gern in Anspruch nehmen würden, keine Träume von so genannten maßgeschneiderten Kindern haben (vgl. Spiewak 2005, 173). Sie wünschen sich einfach nur ein (gesundes) Kind und haben vielleicht schon mehrere Fehlgeburten hinter sich.

Falls es jemals zu einer Einführung der PID in Deutschland kommen sollte, wäre eine umfassende Regulierung dieses Verfahrens von immenser Wichtigkeit, um so genannte Menschenzüchtungsphantasien von Anfang an abzuwehren. Wie ein Kind einmal aussehen wird oder welche Eigenschaften es aufweist, sollte der Natur überlassen werden. Allerdings ist es jedoch fraglich, wie bereits angesprochen, ob eine Technik zur Selektion von multifaktoriellen Merkmalen jemals zur Verfügung stehen wird.

4.2.2.2.4 Gefahr des so genannten PID-Tourismus

Nicht überzeugend ist das Argument, dass bei einem hierzulande bestehenden PID-Verbot Paare zur Inanspruchnahme dieses Verfahrens in Länder reisen, in denen die PID etabliert ist (vgl. die Ausführungen unter 4.2.1.7 „Verstärkter PID-Tourismus ins benachbarte Ausland bei einem bestehendem Verbot"). Deutschland müsste dann jeweils die „liberalste"

Regulierung übernehmen, und ein jegliches Gesetz wäre hierzulande sinnlos (vgl. NER 2003, 88).

Darüber hinaus kann mit einem PID-Tourismus in größerem Umfang nicht gerechnet werden, da sich nur begüterte Personen ein Ausweichen in Länder leisten können, in denen die PID durchgeführt werden darf. Es muss zum einen viel Geld für den teuren PID-Behandlungszyklus aufgebracht werden und zusätzlich noch Verpflegung, Anreise und Unterkunft bezahlt werden (vgl. Franklin/Roberts 2006, 140-41).

Es wird immer eine Technik geben, die irgendwo auf der Welt etabliert, jedoch hierzulande noch nicht erlaubt ist. Das ist aber noch lange kein Grund, diese auch in Deutschland einzuführen. Eine eigenständige nationale Gesetzgebung erscheint aufgrund der Erfahrungen in der Vergangenheit sinnvoll.

4.2.2.2.5 PID als Wegbereiter der verbrauchenden Embryonenforschung und Keimbahntheraphie

Im Zuge der PID kommt es zwangsläufig zur Entstehung von überzähligen Embryonen, da für eine Diagnostik etwa zehn Embryonen benötigt werden. Nur so kann eine Auswahl getroffen werden (vgl. die Aufführungen unter 2.4.1.2.3 „Ungelöste Problematik der überzähligen Embryonen"). Es bleiben zumindest die Embryonen übrig, die aufgrund einer genetischen Belastung aussortiert wurden. Diese können somit theoretisch für die Forschung verwendet werden, was sicherlich das Interesse einiger Wissenschaftler weckt.

Von den Gegnern der PID wird daher angeführt, dass dieses Verfahren den Weg für die Embryonenforschung und auch für die Keimbahntherapie bereite (vgl. Kollek 1999, 123). Bei dieser Technik werden die Keimzellen genetisch verändert und die neuen genetischen Eigenschaften auf die Nachkommen vererbt. Dabei ist das Ziel dieser Therapie, defekte Gene bei Erbkrankheiten durch intakte Gene auszutauschen (vgl. Weber 2001, 205). Eine umfassende Embryonenforschung ist zur Entwicklung dieser Technik von immenser Bedeutung (vgl. Kollek 1999, 124).

Kollek (1999, 124) kommt daher zu dem Ergebnis, dass die Einführung der PID in Deutschland unweigerlich mit der Forschung an Embryonen einhergehe. Auch die PID kann nur weiterentwickelt werden, wenn Embryonenforschung betrieben wird. Dadurch würde der Mensch zu Forschungszwecken instrumentalisiert (vgl. NER 2003, 100).

Maio (2001, 893-94) wendet ein, dass eine Etablierung der PID nicht zwangsläufig mit einer verbrauchenden Embryonenforschung oder Keimbahntherapie einhergehe. Falls es in Deutschland zu einer Zulassung dieses Verfahrens kommen sollte, könnten entsprechende Entwicklungen immer noch durch gesetzliche Regelungen aufgehalten werden (vgl. ebd.).

Allerdings darf auch nicht außer Acht gelassen werden, dass deutsche Forscher daran interessiert sind, die Reproduktionsmedizin auch hierzulande voranzutreiben. Viele Wissenschaftler sehen daher in der Zulassung der PID eine Verbesserung des „Forschungsstandortes" und eine Möglichkeit, auch hierzulande Embryonenforschung zu betreiben (vgl. Kollek 2002, 174).

4.2.2.2.6 Fortschreitende Diskriminierung und Stigmatisierung von Menschen mit Behinderungen

Gegen die PID wird v.a. von Seiten der Behindertenverbände angeführt, die PID würde aufgrund der Selektion der frühen Embryonen zur Diskriminierung und Stigmatisierung von Menschen mit Behinderungen führen (vgl. Bundesvereinigung Lebenshilfe 2001, 29). Immerhin werden bei der PID Embryonen mit bestimmten Krankheiten aussortiert, an denen Behinderte leiden. Menschen mit Behinderungen bekommen dadurch den Eindruck vermittelt, sie seien weniger lebenswert als andere.

Durch die Aussonderung eines Embryos mit einer bestimmten genetischen Belastung, erfolgt automatisch eine Bewertung dieses Embryos und damit auch eine Bewertung all jener, die denselben genetischen Defekt aufweisen (vgl. Maio 2001, 893).

Weiterhin wird vorgebracht, dass bei einer Etablierung der PID in Deutschland, Eltern mit einem behinderten Kind zunehmend mit der Frage konfrontiert würden, warum sie denn kein vorgeburtliches Diagnostikverfahren in Anspruch genommen hätten (vgl. Bundesvereinigung Lebenshilfe 2001, 29).

Der Argumentation der befürchteten Diskriminierung wird entgegen gehalten, dass die Behindertenrechte kontinuierlich ausgebaut und ihre Interessen zunehmend gefördert würden (vgl. NER 2003, 139). Es kann nicht von der Hand gewiesen werden, dass sich behinderte Menschen bei einer Selektion im Rahmen der PID in gewisser Weise abgewertet und abgelehnt fühlen würden. Bei einer Einführung der PID in Deutschland wäre es daher zwingend erforderlich, Behinderte zunehmend in die Gesellschaft zu integrieren. Es müssten Maßnahmen ergriffen werden, die das Zusammenleben mit einem behinderten Kind erleichtern oder Paaren die Angst vor der Annahme eines solchen Kindes nehmen. Weiterhin müssten Betreuungseinrichtungen von Behinderten gefördert und optimiert werden.

Nur so kann verhindert werden, dass die Akzeptanz von behinderten Menschen zunehmend schlechter wird und es zu einer gesellschaftlichen Veränderung kommt, in der Behinderte nur bedingt angenommen werden.

4.2.2.2.7 Die Furcht vor einer Ausweitung der Indikationen

Gegen die PID wird häufig vorgebracht, dass sich dieses Verfahren aufgrund wachsender Nachfrage langfristig nicht auf bestimmte Indikationen begrenzen ließe. Die PID stelle somit eine „Türöffner-Technik" für die Menschenzüchtung dar. Diesem so genannten Dammbruchargument wird entgegen gehalten, dass unsere gesetzlichen Regelungen einen wirksamen Schutz gegen Missbrauch böten, wenn sie klar formuliert seien (vgl. NER 2003, 144).

Es muss jedoch kritisch hinterfragt werden, ob es bei einer umfassenden Regulierung der PID nicht doch in einigen Fällen zur Ausweitung der Indikationen dieses Verfahrens komme und irgendwo doch hinter verschlossenen Labortüren Verbote missachtet werden. Wenn eine Technik erst einmal verfügbar ist, so steigt auch die Nachfrage. Wissen Paare, dass die PID im Ausland beispielsweise auch zur Geschlechtsselektion oder zur Selektion von immunkompatiblen Embryonen eingesetzt wird, kann auch hierzulande eine gesteigerte Nachfrage erwartet werden.

Die Erfahrungen mit der PND machen außerdem deutlich, dass sich die Indikationen für eine zur Verfügung stehende Technik ständig erweitern können: mittlerweile ist die PND ein Routineangebot in der Schwangerschaftsvorsorge (vgl. NER 2003, 102).

Allerdings sollte auch an die Vernunft der Gesellschaft appelliert werden. In einer Umfrage der Universität Leipzig zur Einstellung der Deutschen zur Reproduktionsmedizin und PID wird deutlich, dass der größte Teil der Bevölkerung eine PID bei einem Verdacht auf eine genetische Erkrankung in Anspruch nehmen würde. Lediglich 4 % stimmten für die Durchführung der PID ohne spezifische Krankheitsindikation (vgl. Brähler/Ströbel-Richter 2004, 20). Auch Schwangerschaftsabbrüche werden zum größten Teil wegen leichten Behinderungen oder zur Geschlechtsselektion ohne medizinische Indikation abgelehnt (vgl. NER 2003, 145).

4.2.2.2.8 Das Argument der Entsolidarisierung

Die Gegner bringen als weiteres Argument gegen die PID vor, dass es bei einer nationalen Etablierung dieses Verfahrens Konsequenzen für die Solidarität haben könnte. Einerseits für die Solidarität mit Behinderten, andererseits aber auch mit den Eltern, die in Rechtfertigungsnot geraten könnten, wenn sie trotz einer genetischen Belastung keine PID in Anspruch genommen haben und so gegebenenfalls die Geburt eines behinderten Kindes riskieren (vgl. Maio 2001, 894). Es wird also argumentiert, dass durch die Zulassung der PID neue soziale Zwänge für werdende Eltern bzw. werdende Mütter entstehen und der Erwartungsdruck immer größer wird (vgl. EK 2002, 100).

Sei dieses Verfahren auch hierzulande möglich, so könnte es von der Bevölkerung schnell als leichtsinnig empfunden werden, wenn genetisch belastete Paare diese Technik nicht in Anspruch nehmen würden (vgl. Maio 2001, 894).

Solche Auswirkungen auf die Solidarität wären nicht verantwortbar. Eltern müssten ja bei der Geburt eines behinderten Kindes regelrechte Schuldgefühle haben. Die PID dürfte daher nur dann zugelassen werden, wenn Maßnahmen ergriffen würden, die einer Entsolidarisierung entgegenwirken könnten. Eltern, die sich für ein behindertes Kind entscheiden oder dieses annehmen, verdienen Respekt und sollten geachtet werden

4.2.2.2.9 Das Argument der Zeugung auf Probe

Vielfach wird gegen die PID argumentiert, dass dieses Verfahren eine Zeugung auf Probe wäre. Ein Embryo würde also erzeugt und dürfte nur dann am Leben bleiben, wenn er nicht genetisch belastet ist. Dies ist deswegen problematisch, weil er somit nicht um seiner selbst willen gezeugt wird. Es erfolgt also eine Instrumentalisierung des Embryos, weil seine Annahme von der genetischen Qualitätsprüfung abhängig ist. Menschliches Leben wird also auf Probe gezeugt und nur angenommen, wenn die gewünschten Merkmale vorhanden sind. Diese Zeugung auf Probe könnte möglicherweise nur durch den Wunsch der Eltern auf ein Kind ohne genetische Belastung entschuldigt werden (vgl. Maio 2001, 891).

Wie jedoch bereits angesprochen, gibt es kein Recht auf ein gesundes Kind. Den Eltern stehen immer noch Alternativen zur Verfügung. Auch wenn beispielsweise die Adoption für viele nicht befriedigend ist, rechtfertigt dies noch lange keine Technik wie die PID, um ein gesundes Kind zu bekommen. Menschliches Leben wird bei diesem Verfahren instrumentalisiert und dies ist moralisch nicht zu verantworten. Weder das Wohl des Kindes noch die Konfliktsituation der Frau kann als Rechtfertigung für eine Zeugung auf Probe gelten (vgl. Haker 2002, 264).

4.2.2.2.10 Das Argument der schiefen Ebene

Gegen die PID wird oft das Argument der schiefen Ebene vorgebracht. Hinter diesem Argument steht die Furcht vor einer Ausweitung der Indikationen bei diesem Verfahren bis hin zum so genannten Designer-Baby. Es wird argumentiert, dass es bei einer nationalen Etablierung der PID problematisch werden könnte, diese Technik nur für Hochrisikopaare zu erlauben und Träger von weniger schweren Erbkrankheiten dieses Verfahren nicht zu gestatten. Die Konsequenz wäre dann die PID auch für kosmetische Merkmale zu genehmigen. Dies wäre moralisch nicht verantwortbar (vgl. Maio 2001, 893).

Dieses Argument könnte durch die Erfahrungen mit der PND unterstützt werden. Die Indikation für dieses Verfahren war anfangs eng begrenzt. Im Laufe der Zeit haben sich die Indikationen jedoch ständig erweitert. Fraglich ist jedoch, ob die PID mit der PND verglichen werden kann. Die PID ist mit der IVF verbunden und daher kann nicht wie bei der PND, die faktisch für jeden zugänglich ist, mit einer so starken Ausdehnung gerechnet werden (vgl. Maio 2001, 893). An dieser Stelle soll jedoch noch einmal darauf hingewiesen werden, dass auch die invasiven Methoden bei der PND mit Risiken für Frau und Kind einhergehen (vgl. die Ausführungen unter 2.2.6.2 „Invasive Untersuchungen"). Bei einem unbedingten Wunsch nach einem (gesunden) Kind werden wahrscheinlich viele Frauen auch die Risiken in Kauf nehmen, die mit der IVF verbunden sind. Es kann also aufgrund der Erlebnisse mit der PND befürchtet werden, dass es auch bei einer anfänglich bedingten Zulassung der PID zu einer Indikationsausweitung kommt.

4.2.2.3 Bedenken gegenüber der Anwendung der PID ohne spezifische Krankheitsindikation

Es werden immer wieder Bedenken gegenüber der Anwendung der PID ohne spezifische Krankheitsindikation geäußert. Die folgenden Ausführungen richten sich daher auf bestimmte Anwendungsziele der PID.

4.2.2.3.1 Auswahl immunkompatibler Embryonen (HLA-matching)

Die PID wird auch zur Auswahl eines immunkompatiblen Embryos eingesetzt, damit dieser als potentieller Knochenmarks- oder Nabelschnurblutspender für ein bereits geborenes, schwerkrankes Geschwisterkind fungieren kann (vgl. die Ausführungen unter 2.3.6 „Medizinische Selektion – Auswahl immunkompatibler Embryonen").

Dieser Anwendungsbereich der PID ist höchst umstritten. Kritiker weisen darauf hin, dass es sich hierbei um eine Instrumentalisierung menschlichen Lebens handele. Ein Mensch dürfe nach dem kategorischen Imperativ Kants niemals bloß als Mittel für einen bestimmten Zweck behandelt werden. Dies wäre aber bei der Auswahl immunkompatibler Embryonen durch die PID der Fall, da ein Embryo nur erzeugt würde, um ein anderes Kind zu retten (vgl. Schramme 2002, 51, 65).

Es kann auch sein, dass das Geschwisterkind später noch für weitere Gewebespenden gebraucht wird (vgl. Picoult 2004, 10; Spiewak 2005, 179). Hier muss ernsthaft hinterfragt werden, ob diese durch die PID selektierten Kinder nicht nur als Ersatzteillieferanten dienen, um das Leben eines anderen Menschen zu verlängern (vgl. Spiewak 2005, 180).

Diese Kinder müssen in ihrem Leben damit zu Recht kommen, dass es sie eigentlich gar nicht gebe, wenn nicht das Geschwisterkind krank wäre. Aus der Sicht der Eltern ist es natürlich verständlich, dass sie alles dafür tun würden, um ihr schwerkrankes Kind zu retten.

Diese Instrumentalisierung menschlichen Lebens kann jedoch ethisch nicht gerechtfertigt werden, wenn die Kinder in ihrem Leben ständig das Gefühl haben, sie wären nur zu einem Zweck geboren, nämlich dazu, das Leben ihres Geschwisterkindes zu verlängern. Auch wenn Befürworter der Anwendung der PID zur Auswahl immunkompatibler Embryonen einwenden, die Eltern würden ihr Kind genauso lieben wie das andere, ist es für die so genannten Ersatzteillager-Kinder dennoch schwierig, sich nicht als so genannte Überlebenskrücke zu fühlen (vgl. Spiewak 2005, 179).

4.2.2.3.2 Positive Selektion von Kindern mit genetisch bedingten Krankheiten

Es gibt Eltern, die an einer monogenen Erbkrankheit leiden und sich Kinder wünschen, die dieselbe genetische Belastung aufweisen. Ein derartiger Fall wurde Anfang 2008 in London bekannt: ein Paar, das an angeborener Gehörlosigkeit leidet möchte mit Hilfe der PID ein Kind mit derselben Krankheit bekommen (vgl. die Ausführungen unter 2.3.7 „Selektion von Kindern mit genetisch bedingten Krankheiten aufgrund des Elternwunsches").

Der Wunsch dieser Eltern, ebenfalls ein gehörloses Kind zu bekommen, ist nachvollziehbar. Sie betrachten ihren Zustand nicht als eine Einschränkung oder Behinderung (vgl. Thomas 2008, 43). Um jedoch ein erfülltes Leben zu führen, sind sie auf die Gemeinschaft mit Gleichgesinnten angewiesen. Daher bilden sich auch immer mehr Gruppen, die aus gehörlosen Menschen bestehen. Es darf jedoch auch nicht vergessen werden, dass diese Menschen auch viele Nachteile haben und oft ausgeschlossen werden. Sie können beispielsweise manche Berufe nicht ausüben (vgl. Wiesemann 2006, 136).

Diese positive Selektion bietet den Eltern die Möglichkeit, ein Kind nach ihren Vorstellungen auszuwählen. Kinder werden also instrumentalisiert, damit die Bedürfnisse der Eltern befriedigt werden (vgl. Düwell 1998, 40). Dies ist jedoch ethisch nicht vertretbar. Niemand hat das Recht auf ein gesundes und auch nicht auf ein krankes Kind. Das Verfahren der PID sollte nicht für derartige Wunschbefriedigungen einiger Eltern erlaubt werden. Die Frau befindet sich zudem in keiner schweren Konfliktsituation, die eine Inanspruchnahme der PID rechtfertigen könnte.

4.2.2.3.3 Geschlechtsselektion

Die PID wird auch zur Auswahl des Geschlechts ohne spezifische Krankheitsindikation angewendet. In Indien, aber auch in China wird die PID beispielsweise mit dem Ziel des „family-balancing" durchgeführt (vgl. die Ausführungen unter 2.3.5 „Geschlechtsselektion und „Family-Balacing").

Diese gezielte Auswahl des Geschlechts aus Gründen der individuellen Lebensplanung kann ethisch nicht gerechtfertigt werden. Embryonen werden bei diesem Verfahren ohne jegliche medizinische Indikation selektiert und verworfen. Es sollte der Natur überlassen bleiben, welches Geschlecht ein Kind einmal haben wird. Eine PID zur Geschlechtswahl nur aus kulturellen Gründen oder aufgrund eigener Vorstellungen und Bedürfnisse ist nicht verantwortbar und führt definitiv zu weit.

4.2.2.3.4 Prädiktive Gendiagnostik

Genetische Veränderungen, die mit einer erhöhten Erkrankungswahrscheinlichkeit korrelieren, können auch mittels PID erfasst werden (vgl. die Ausführungen unter 2.3.8 „Prädiktive Gendiagnostik"). In Amerika wurde beispielsweise ein Baby ohne Alzheimer-Gen geboren. Mit Hilfe der PID wurden Embryonen auf das Alzheimer-Gen getestet und diejenigen Embryonen selektiert, die nicht genetisch belastet sind. Anschließend wurden der Mutter, die eine Veranlagung für eine seltene Alzheimer-Form in sich trägt, die gesunden Embryonen übertragen (vgl. Spiegel online 2002, 1).

Hier muss jedoch unterschieden werden zwischen genetischen Veränderungen, die höchstwahrscheinlich mit einem späteren Krankheitsausbruch assoziiert (z.B. bei Chorea-Huntington) und Mutationen, die lediglich mit einer erhöhten Wahrscheinlichkeit mit einem späteren Krankheitsausbruch einhergehen wie z.B. genetische Veränderungen im Brustkrebs-Gen (vgl. Kollek 2002, 82).

Die Inanspruchnahme der PID im Falle von genetischen Veränderungen bei denen nicht sicher ist, ob es einmal zu einem Ausbruch der Krankheit kommen wird, ist heftig umstritten. Es wird kritisiert, dass bei der PID auch diejenigen Embryonen vernichtet werden könnten, bei denen es später zu keiner Erkrankung komme. Weiterhin wisse man nicht, ob es für diese Krankheit in naher Zukunft eine Therapiemöglichkeit gebe (vgl. Spiegel online 2007, 1).

Diese PID-Untersuchungen auf spät manifestierende Krankheiten können als Grenzfall betrachtet werden (vgl. NER 2003, 112). Einerseits haben die Betroffenen in einigen Fällen die Aussicht auf viele Lebensjahre ohne diese Erkrankung und andererseits stehen bereits Therapiemöglichkeiten bzw. in naher Zukunft zur Verfügung. Es kann aber auch sein, dass Eltern ihrem Kind schlimmes Leid ersparen wollen, weil durch diese Krankheit schon viele Familienmitglieder gestorben sind. Hier könnte jedoch wieder argumentiert werden, dass den Eltern ja auch Alternativen zur Verfügung stehen würden, etwa der Verzicht auf ein Kind oder die Möglichkeit der Adoption.

Andererseits kann jedoch angeführt werden, dass die PID in diesem Fall ethisch vertretbar ist, wenn die Betroffenen aufgrund ihrer schlimmen Erlebnisse mit dieser Krankheit, die vielleicht schon einige Familienmitglieder ausgelöscht hat, durch die Aussicht auf ein genetisch belasteten Kindes in eine existenzielle Konfliktlage geraten (vgl. NER 2003, 112).

Abschließend sollte bei der ethischen Beurteilung dieser PID-Untersuchung auch noch berücksichtigt werden, dass der betroffene Elternteil keine Aussicht auf ein langes Leben hat. Dies hat im Falle der genetischen Belastung der Mutter tragische Konsequenzen. Die PID ermöglicht zwar vielleicht die Geburt eines gesunden Kindes, die Mutter könnte dieses jedoch nicht lange versorgen. Darüber hinaus müsste das Kind einerseits mit ansehen wie es der Mutter immer schlechter geht und andererseits mit dem Tod der Mutter fertig werden. In diesem Fall sollte auf eigene Kinder verzichtet werden.

4.2.2.4 Alternativen zur PID

Gegner der PID führen an, dass es zur pränatalen Selektion auch Alternativen gebe, die nicht mit der Vernichtung menschlicher Embryonen einhergehen (vgl. EK 2002, 88; Haker 2002, 242-43; NER 2003, 85):

- Der Verzicht auf ein (biologisch eigenes) Kind
- Adoption und Pflegschaft
- Polkörperanalysen
- Heterologe Insemination

Der Verzicht auf ein genetisch eigenes Kind stellt sicherlich keine Alternative für alle Paare dar. Wie bereits angesprochen ist für die meisten Frauen ein eigenes Kind ein Lebensziel, das es zu erfüllen gilt. Auch bei der Adoption und Pflegschaft muss kritisch hinterfragt werden, ob diese Alternativen zu einem eigenen Kind darstellen können. Die Adoption ist hierzulande mit vielen Schwierigkeiten verbunden und ein äußerst langwieriges Verfahren. Weiterhin muss die Frau auf die Zeit der Schwangerschaft verzichten und auch die Geburt kann nicht miterlebt werden. Auch das Fehlen der biologischen Elternschaft gilt bei der Pflegschaft und Adoption als großer Nachteil (vgl. Ziegler 2004, 151-52). Nach einer englischen Studie stellt die Adoption also für viele Paare keine Alternative zum eigenen Kind dar (vgl. Snowdon/Green 1997, 346-47).

Trotz aller Bedenken sollte auch die Adoption als Alternative bedacht werden. Kann ein Kind beispielsweise noch in frühen Lebensjahren adoptiert werden, so können Eltern auch in diesem Fall ihr Kind von Anfang an aufwachsen sehen. Darüber hinaus sollten die Regelungen zur Adoption überdacht und verbessert werden.

Die bereits angeführte Polkörperanalyse wird vielfach auch als Alternative zum Verfahren der PID diskutiert. Hier findet die genetische Diagnostik an der befruchteten Eizelle statt, bevor es zur Kernverschmelzung kommt. Sie lässt sich also mit dem deutschen ESchG vereinbaren. Allerdings weist diese Methode auch einige Nachteile auf (vgl. die Ausführungen unter 2.2.3 „Polkörperbiopsie der Eizelle").

Im Falle maternal bedingter Erbkrankheiten könnte sie eine Alternative zur PID darstellen, da es zu keinem Embryonenverbrauch kommt. Jedoch müsste diese Technik verbessert werden, da die Diagnosesicherheit gering ist und dieses Verfahren mit hohem Aufwand einhergeht (vgl. Schwinger 2003, 20; Spiewak 2005, 182).

Weiterhin führen Gegner der PID als weitere Alternative die heterologe Insemination an, falls eine paternale genetische Belastung vorliegt. Die Frau müsse sich so nicht dem belastenden Verfahren der IVF aussetzen und die Weitergabe des genetischen Defektes des Mannes könne verhindert werden (vgl. EK 2002, 88).

Bei dieser Möglichkeit muss jedoch auf die biologische Vaterschaft verzichtet werden. Viele Paare erkennen dieses Verfahren also nicht als Alternative an (vgl. Snowdon/Green 1997, 346-47). Darüber hinaus ist die heterologe Insemination rechtlich und psychisch problematisch (vgl. EK 2002, 88). Hier können beispielsweise die Erklärungsnöte gegenüber dem Kind bezüglich seiner Herkunft angeführt werden. Gegenüber der PID ist dieses Verfahren zwar weniger physisch belastend, es kann jedoch aufgrund der fehlenden genetischen Vaterschaft für viele Paare auch keine Alternative zum eigenen Kind darstellen.

Zusammenfassend lässt sich also feststellen, dass den Eltern mehrere Alternativen zur PID zur Verfügung stehen. Viele Paare stehen jedoch der PID positiv gegenüber, weil sie dadurch die Chance haben, ein genetisch eigenes (gesundes) Kind zu bekommen. Kann es jedoch ethisch gerechtfertigt sein, Embryonen zu verwerfen, nur damit ein Paar seine Vorstellungen nach einem erfüllten Leben befriedigt? Wie bereits angesprochen, gibt es kein verbrieftes Recht auf ein (gesundes) Kind. Im Falle einer genetischen Belastung sollte daher entweder die Geburt eines kranken Kindes in Kauf genommen oder nach anderen Möglichkeiten zur Verwirklichung des Kinderwunsches gesucht werden. Das Lebensziel „Kinderwunsch" könnten die betroffenen Paare auch mittels Adoptiv- oder Pflegekindern erreichen und dadurch ein sinnerfülltes Leben führen.

4.3 Zusammenfassung und Fazit

Befürworter der PID sehen in diesem Verfahren insbesondere eine Möglichkeit, späte Schwangerschaftsabbrüche zu vermeiden und halten diese Technik lediglich für eine vorgelagerte PND. Dieses Argument wird jedoch durch die in den meisten Fällen zur Absicherung des Diagnoseergebnisses dennoch durchgeführte PND abgeschwächt.

Weiterhin wird angeführt, dass die PID die Erfolgsrate der IVF steigere, da mit Hilfe dieses Verfahrens altersbedingte Chromosomenstörungen schon vor der Etablierung einer Schwangerschaft erkannt werden könnten. Nach den neuesten wissenschaftlichen Erkenntnissen kann dieses Argument jedoch nicht unterstützt werden.

Darüber hinaus erhoffen sich die Befürworter neue Wahlmöglichkeiten in Bezug auf vorgeburtliche Diagnostikmethoden für die Frau bzw. das Paar. Entkräftigt wird dieser Aspekt dadurch, dass die Entscheidungsfreiheit aufgrund gesellschaftlicher Einflüsse eingeschränkt sei und ein zunehmender Erwartungsdruck auf die Frau ausgeübt werde. Als weiteres wichtiges Argument wird vorgebracht, dass das PID-Verbot in Deutschland eine Abwanderung deutscher Wissenschaftler und Paare ins Ausland zur Folge hätte. Würde man dieser Aussage Glauben schenken, so wären jegliche gesetzliche Regelungen hierzulande sinnlos. Deutschland müsste so von allen Ländern der Welt die „liberalste" Regulierung wählen.

Schließlich wird noch der Wunsch nach eigenen, gesunden Nachkommen für die PID angeführt. Dieses Recht auf ein gesundes Kind gibt es jedoch nicht, zumal die PID auch aufgrund der Tatsache, dass viele Behinderungen peri- oder postnatal „erworben" werden, kein gesundes Kind garantieren kann.

Die Bedenken gegenüber der PID richten sich insbesondere gegen Verfahren, Anwendungsziele und gesellschaftliche Folgen, die bei einer Einführung dieser Technik befürchtet werden. Gegner wenden ein, dass die Frauen sich dem psychisch und physisch belastenden Verfahren der IVF unterziehen müssten, obwohl sie keine Fertilitätsprobleme haben. Weiterhin führen sie Bedenken gegenüber der Anwendung der PID ohne spezifische Krankheitsindikation (Geschlechtsselektion, Auswahl immunkompatibler Embryonen) an. Ohne medizinische Indikation sei die erforderliche Selektion im Rahmen dieses Verfahren ethisch nicht vertretbar und stelle eine Instrumentalisierung menschlichen Lebens dar, um eigene Bedürfnisse zu befriedigen.

Darüber hinaus bringen sie als Argument gegen die PID die befürchteten gesellschaftlichen Konsequenzen vor, wenn dieses Verfahrens erst einmal zugelassen sei. Neben der Problematik einer begrenzten Zulassung der PID, dem Selektionsproblem, und der Gefahr einer echten Eugenik, wird die PID insbesondere als „Türöffnertechnik" für die verbrauchende Embryonenforschung und Keimbahntherapie gesehen, da dieses Verfahren unweigerlich mit der Forschung an menschlichen Embryonen einhergehe.

Auch die Befürchtung einer verstärkten Diskriminierung und Stigmatisierung Behinderter wird gegen die PID vorgebracht. Menschen, die an einer Krankheit leiden – die im Rahmen der PID aussortiert würde – könnten sich weniger lebenswert fühlen. Schließlich sind die Gegner der PID der Meinung, dass es auch noch Alternativen zur PID gebe, die keine Vernichtung menschlicher Embryonen implizieren.

Nach Abwägung der vorgenannten Argumente kann festgestellt werden, dass die PID keine wirkliche Verbesserung gegenüber gegenwärtigen vorgeburtlichen Diagnostikmethoden darstellt. Diese Technik ist insbesondere aufgrund der Notwendigkeit der extrakoporalen Befruchtung mit vielen Risiken für die Frau verbunden. Eine Frau müsste sich also dem psychisch und pyhsisch belastenden Verfahren der IVF unterziehen und das, obwohl sie keine Fertilitätsprobleme hat.

Die Argumente der Befürworter haben sich als wenig überzeugend herausgestellt. Aufgrund der Tatsache, dass die PID noch im experimentellen Stadium und mit vielen Unsicherheiten verbunden ist, wird den Paaren geraten, sich das Diagnoseergebnis durch eine PND bestätigen zu lassen. Die PID ersetzt also keine PND. Vielmehr muss sich die Frau den Belastungen beider Verfahren aussetzen. Darüber hinaus soll noch einmal betont werden, dass niemand das Recht auf ein (gesundes) Kind hat. Auch wenn für die Frau ein Kind lebenserfüllend ist, impliziert das nicht auch die Selektion und Vernichtung von Embryonen, damit ihr Lebensziel erreicht werden kann.

Es wurden Alternativen aufgezeigt, die auch ohne die Verwerfung menschlicher Embryonen einer Frau zu einem sinnerfüllten Leben verhelfen könnten. Im Falle einer genetischen Belastung sollte also entweder auf ein Kind verzichtet, ein behindertes Kind in Kauf genommen oder beispielsweise die Möglichkeit der Adoption bzw. Pflegschaft genutzt werden. Auch ohne die PID müssen Paare nicht zwangsläufig ein behindertes Kind groß ziehen.

Problematisch erscheint die PID aufgrund der Tatsache, dass im Gegensatz zur PND keine Konfliktsituation vorliegt. Die Frau kann zu den frühen Embryonen in vitro noch keine emotionale Beziehung aufgebaut haben; daher ist auch die Hemmschwelle zur Aussortierung menschlichen Lebens geringer anzusetzen. Auch deshalb sollte diesem Verfahren mit Vorsicht begegnet werden.

Weiterhin wurde deutlich, dass die PID, nicht wie die IVF, als primäres Ziel die Herbeiführung einer Schwangerschaft hat. Das vorrangigste Ziel ist tatsächlich ein gesundes Kind! Dies rechtfertigt jedoch keinen Embryonenverbrauch! Ganz deutlich wurde, dass die PID ein Test auf Lebensqualität ist. Wird diese Qualitätsprüfung bestanden, darf der Embryo überleben und in den Mutterleib transferiert werden.

An dieser Stelle soll noch einmal betont werden, dass vom Genotyp nicht eindeutig auf den Phänotyp geschlossen werden kann. Beispielsweise können drei Embryonen den gleichen Genotyp haben – z.B. Trisomie 21 – und dennoch wirkt sich diese Behinderung ganz unterschiedlich aus. Obwohl vorher also nicht gewusst wird, wie stark sich die Behinderung einmal auswirkt, würde keiner der Embryonen in den Mutterleib übertragen und aussortiert. Dadurch wird stark der Eindruck vermittelt, behinderte Menschen seien weniger lebenswert als andere. Wie muss sich ein Down-Syndrom Kind fühlen – bei welchem die Behinderung nicht so stark ausgeprägt ist – wenn es erfährt, dass es eigentlich im Rahmen der PID aussortiert worden wäre? Fühlt sich ein solches Kind nicht abgelehnt und unerwünscht? Die von den Gegnern befürchtete verstärkte Diskriminierung behinderter Menschen ist also nicht von der Hand zu weisen.

Weiterhin wird die Angst vor einer Ausweitung der Indikationen befürchtet. Natürlich lassen sich zunächst Regelungen für eine eng begrenzte Indikation formulieren. Dies war ja auch schon bei der PND der Fall. Es kann befürchtet werden, dass mit der Erweiterung der Diagnosemöglichkeiten auch die Indikationen für die PID ausgedehnt werden. Dann würde – wie es auch bei der PND der Fall war – die PID zur Routinediagnostik werden, der Erwartungsdruck auf Frauen bzw. Paare und auch die sozialen Zwänge immer mehr zunehmen, bis das Recht auf ein gesundes Kind tatsächlich angenommen wird! Noch einmal soll an dieser Stelle darauf hingewiesen werden, dass die Angst vor „maßgeschneiderten Kindern" oder „Designer-Babys" unbegründet ist, da mit der PID keine multifaktoriell bedingten Merkmale diagnostiziert werden können.

Weiterhin sind die Anwendungsziele der PID umstritten. Es wird vorgebracht, dass die PID zur Effizienzsteigerung der IVF eingesetzt werden könnte, also zum so genannten Aneuploidie-Screening.

Dieses Argument für eine PID kann aufgrund der wissenschaftlichen Erkenntnisse einer ausländischen Studie entkräftigt werden. Darüber hinaus könnten Frauen versuchen, früher Kinder zu bekommen und nicht erst in einem Alter, in dem die Wahrscheinlichkeit eine Chromosomenaberration des Kindes stark erhöht ist. Die Geschlechtsselektion ohne medizinische Indikationen ist ethisch nicht vertretbar. Hier werden Kinder instrumentalisiert, nur damit Eltern ihre Bedürfnisse befriedigen können. Das rechtfertigt keine Vernichtung von Embryonen! Es sollte dem Zufall überlassen werden, welches Geschlecht ein Kind einmal haben wird, da es sich sonst um eine Entnaturalisierung der Fortpflanzung handelt. Auch die positive Selektion von Kindern mit genetisch bedingten Krankheiten muss abgelehnt werden. Genauso wenig wie es ein Recht auf ein gesundes Kind geben kann, gilt dies auch für ein krankes Kind. Die PID zur Auswahl immunkompatibler Embryonen kann nicht direkt als ethisch verwerflich gelten, da es hier um die Rettung eines Menschen geht und somit ein schwerer Konflikt vorliegt.

Zusammenfassend lässt sich also feststellen, dass die Argumente für die PID nicht wirklich überzeugen und mit diesem Verfahren viele Probleme verbunden sind. Weiterhin sind die befürchteten gesellschaftlichen Folgen als weitaus problematischer einzustufen, als die Schwierigkeiten, die mit der Einführung dieses Verfahrens verbunden wären.

5 Schlussbetrachtung

Die Autorin konnte aufzeigen, dass die PID mit zahlreichen Problemen und Risiken verbunden ist, insbesondere aufgrund der Tatsache, dass dieses Verfahren eine IVF notwendig macht. So müssen sich also auch diejenigen Frauen einer künstlichen Befruchtung unterziehen, die auf natürlichem Wege schwanger werden könnten. Die PID stellt ein sehr belastendes Verfahren für die Frau dar. Zu nennen sind beispielsweise die niedrigen Schwangerschaftsraten, die Gefahren der Hormonbehandlungen, sowie das erhöhte Risiko einer Mehrlingsschwangerschaft. Auch für die entstehenden Kinder ist diese Technik mit Risiken verbunden. Weiterhin konnte dargestellt werden, dass eine PID nicht zur Reduktion der PND führt. Da die PID immer noch nicht ausgereift und mit vielen Unsicherheiten verbunden ist, sollte das präimplantive Diagnoseergebnis immer noch durch eine PND bestätigt werden. Zu den Risiken einer IVF und PID kommen also noch die der PND hinzu.

Mit dieser Technik ist es erstmals möglich, eine gezielte Selektion von Embryonen mit einer genetischen Belastung vorzunehmen. Es kann befürchtet werden, dass diese Aussortierung menschlichen Lebens aufgrund bestimmter Eigenschaften weitere Anwendungsfelder eröffnet. Schon allein wegen der emotionalen Distanz zu Embryonen in vitro ist die Hemmschwelle zur Selektion geringer. Bei der Einführung eines solchen Verfahrens muss also immer auch an die Folgen gedacht werden, die eine Zulassung mit sich bringen könnte. Es wurde beispielsweise festgestellt, dass die PID unweigerlich mit der Forschung an menschlichen Embryonen einhergeht. Im Falle einer Einführung muss also auch an Regulierungsmöglichkeiten der Embryonenforschung gedacht werden.

Darüber hinaus wurden mögliche neue gesellschaftliche Zwänge aufgezeigt, die mit diesem Verfahren einhergehen könnten. Eltern mit einem behinderten Kind könnten verstärkt mit der Frage konfrontiert werden, warum sie denn nicht eine präventive Diagnostik in Anspruch genommen hätten. Durch diese weitere vorgeburtliche Diagnostikmethode rückt die bedingungslose Annahme eines Kindes weiter in den Hintergrund.

Auch ließ sich feststellen, dass für die meisten Frauen ein Kind die Voraussetzung für ein sinnerfülltes Leben ist. Dargestellt werden konnte, dass es ein Recht auf ein Kind nicht geben kann, schon gar nicht auf ein gesundes. Der Wunsch nach einem gesunden Kind ist nachvollziehbar. Es wurden jedoch auch Alternativen angeführt, die Frauen dennoch zu einem glücklichen und sinnerfüllten Leben verhelfen könnten. Auch die PID kann beispielsweise keine Garantie für ein gesundes Kind geben, da viele Behinderungen erst peri- oder postnatal „erworben" werden.

Nicht bestätigt werden konnte die Aussage, dass die PID die Erfolgsraten der IVF steigert. Wissenschaftler fanden sogar heraus, dass sie einen negativen Einfluss auf die Schwangerschaftsraten hat.

Aufgrund der Erfahrungen mit der PND konnte weiterhin gezeigt werden, dass sich eine Indikationsbeschränkung der PID nur schwer realisieren lässt. Auch dieses Verfahren durfte anfangs nur für bestimmte Indikationen durchgeführt werden. Heutzutage ist die PND jedoch zum Routineangebot in der Schwangerschaftsvorsorge geworden. Bei der Einführung der PID kann also auch bei diesem Verfahren eine Ausweitung der Anwendungsbereiche befürchtet werden.

Auf rechtlicher Ebene wurde deutlich, dass sich die PID nach überwiegender Meinung mit dem deutschen ESchG nicht vereinbaren lässt und auch aufgrund der Nichtverträglichkeit mit einigen Grundrechten nicht erlaubt werden kann. Ein explizites Verbot wurde jedoch im ESchG nicht formuliert. Vielmehr stützt sich dieses auf die Auslegungen des Gesetzes einiger Juristen.

Nach Abwägung der Argumente für und gegen eine Zulassung der PID kann schließlich festgestellt werden, dass die Argumente der Befürworter dieses Verfahrens wenig überzeugen und die PID mehr Nachteile als Vorteile aufweist. Im Falle der Einführung dieser Technik kann von einer weit reichenden gesellschaftlichen Veränderung ausgegangen werden. Versuchen Menschen „Gott" zu spielen oder derartig in die Natur einzugreifen, kann dies gefährliche Folgen haben. Diese Methode soll Eltern zu einem gesunden Kind verhelfen, jedoch mit der Folge, dass Embryonen vernichtet werden! Kann dies ethisch gerechtfertigt sein?

Betrachtet man die Regelungen zur PID in anderen Ländern, wie z.B. in Großbritannien, Belgien und den USA, kann davon ausgegangen werden, dass es auch hierzulande früher oder später zu einer Etablierung dieses Verfahrens kommen wird – wenn auch nur mit einer stark eingeschränkten Zulassung. Auf den ersten Blick scheint dieses Verfahren einige Vorteile zu haben – auch für Eltern, die z.B. schon mehrere Schwangerschaftsabbrüche hinter sich haben.

Es stehen diesen jedoch zu viele negative Aspekte gegenüber, die schwerwiegende Folgen für unsere Gesellschaft haben könnten! Sollte nämlich dieses Verfahren in der Zukunft tatsächlich zur Anwendung kommen, lässt dies dunkle Prognosen zu:

- Auch wenn derzeit noch keine multifaktoriellen Merkmale (IQ, Augenfarbe etc.) diagnostiziert werden können, kann nicht ausgeschlossen werden, dass dies in der Zukunft doch irgendwann möglich sein wird. Der Weg zu einem „maßgeschneiderten Kind" wäre dann nicht mehr weit!

- Schon heute zeichnet sich eine nach Perfektionismus strebende Gesellschaft ab. Falls die PID einmal als Routinediagnostik zur Anwendung kommen würde – wie das schon jetzt bei der PND der Fall ist – besteht die Gefahr, dass sich Eltern nur noch mit einem gesunden Kind zufrieden geben und das Recht auf ein gesundes Kind vorausgesetzt werden würde. „Normale", nicht durch die PID ausgewählte Kinder und behinderter Nachwuchs würden dann von den Eltern erst gar nicht mehr akzeptiert.

- Weiterhin bestünde dann die Gefahr, dass sich die Gesellschaft in „Klassen" aufspaltet. Es stünden sich somit „perfekte Menschen" auf der einen Seite und „normale" Menschen auf der anderen Seite gegenüber.

- Darüber hinaus müsste befürchtet werden, dass mit dieser Technik versucht wird, den Genpool zu verbessern, also die Gesamtheit der Gene einer Population.

- Aufgrund der Tatsache, dass mittels PID nicht nur genetische Störungen erkannt werden können, sondern auch besonders erwünschte Eigenschaften, besteht die Gefahr, dass durch dieses Verfahren verstärkt versucht wird, an ein bestimmtes Schönheitsideal heranzukommen.

Es stellt sich also demnach als gefährlich heraus, wenn der Mensch versucht, in die göttliche Schöpfung bzw. Natur einzugreifen!

Nachfolgend sollen dennoch Vorschläge aufgezeigt werden, wie die PID bei einer Einführung in Deutschland reguliert werden könnte und welche Dinge dabei berücksichtigt werden müssten.

Erforderlich wären erstens rechtliche Regelungen, durch die sich eine PID begrenzen ließe und Möglichkeiten des Missbrauchs dieser Technik (positive Eugenik) ausgeschlossen werden könnte. Hier erscheint es sinnvoll, die PID weder durch eine Generalklausel noch durch eine Indikationsliste zu regeln. Vielmehr sollte sie auf Einzelfälle beschränkt bleiben. Eine wie in Großbritannien speziell eingesetzte Kommission sollte von Fall zu Fall entscheiden und prüfen, ob eine PID in Anspruch genommen werden darf. Diese Kommission sollte sich aus Mitgliedern vieler verschiedener

Fachbereiche zusammensetzen, damit eine Entscheidung erst nach Einbeziehung möglichst vieler Aspekte getroffen wird.

Weiterhin sollte die PID nur an wenigen, speziell dafür vorgesehen lizenzierten Zentren zugelassen werden. So lässt sich eine derartige Technik am Besten kontrollieren. Sorgfältig müsste jeder PID-Behandlungszyklus dokumentiert werden.

Darüber hinaus wäre ein neues Gesetz erforderlich, in dem auch die PID aufgeführt wird. Bisher konnte nur aufgrund von Interpretationen einiger Juristen auf ein Verbot dieses Verfahrens geschlossen werden. Vermieden werden sollte in jedem Fall eine Indikationsliste, damit es nicht zu einer fortschreitenden Diskriminierung und Stigmatisierung von behinderten Menschen kommt.

Weiterhin sollte die genetische Beratung den Paaren die Angst vor dem Zusammenleben mit einem behinderten Kind nehmen. Eine umfassende Beratung sollte daher vor der Inanspruchnahme einer PID Pflicht sein – nicht zuletzt auch, um den Paaren das Verfahren der PID mit allen Vor- und Nachteilen zu erläutern. Viele Paare erahnen nicht, welche Belastungen mit dieser Technik verbunden sind. Zudem müssten Maßnahmen ergriffen werden, die das Zusammenleben mit einem behinderten Kind erleichtern. Auch Behinderungseinrichtungen sollten gefördert und verbessert werden. Nur so könnte vermieden werden, dass Behinderte nur noch bedingt in der Gesellschaft akzeptiert werden und der Erwartungsdruck auf werdende Eltern zunimmt.

Allgemeines Glossar

Abort: Fehlgeburt, Ausstoßung der Leibesfrucht vor dem Erreichen der Lebensfähigkeit (vgl. Springer Lexikon Medizin 2004, 5).

Allele: Zustandsformen von Genen, die sich am gleichen Chromosomenlocus befinden (vgl. ebd., 66).

Amniozentese: Fruchtwasserentnahme durch Punktion mit Hilfe einer feinen Nadel durch die Bauchdecke der Schwangeren zur Gewinnung von fetalen Zellen. Dieses Verfahren wird etwa in der 16. Schwangerschaftswoche durchgeführt (vgl. Murken/Cleve 1996, 170-78; Campbell 2000, 282).

Aneuploidie: Abweichung der Chromosomenzahl vom normalen Chromosomensatz durch Überzähligkeit oder Fehlen einzelner Chromosomen. Ursache sind Fehlverteilungen einzelner Chromosomen bei Mitose und Meiose (vgl. Murken/Cleve 1996, 18).

Anteroposterior: von vorne nach hinten verlaufend (vgl. Springer Lexikon Medizin 2004, 116).

Äquatorialplatte: Mitte der Teilungsspindel. Hier ordnen sich die Chromosomen in der Metaphase der Mitose an (vgl. Plattner/Hentschel 2002, 368-369).

Aspirationsmethode: Im Rahmen der PID verwendete Technik zur Blastomerentnahme aus dem Embryo mit Hilfe einer Saugpipette.

Autosomen: Alle Chromosomen, außer den Geschlechtschromosomen; beim Menschen die Chromosomen 1-22 (vgl. Buselmaier/Tariverdian 1999, 97-99).

Biopsie: Entnahme einer Gewebeprobe am Lebenden (vgl. Springer Lexikon Medizin 2004, 265).

Baby-take-home-rate: Bezeichnung für die Erfolgsquoten bei den verschiedenen Methoden der assisitierten Reproduktion. Diese wird ermittelt durch die Anzahl der Geburten pro Anzahl der durchgeführten Behandlungen und in % angegeben (vgl. DIR 2007, 10).

Blastomere: Durch Furchung der Zygote entstandene Zellen eines frühen Embryos (vgl. Springer Lexikon Medizin 2004, 273).

Blastozyste: Hohle Zellkugel, die sich etwa am 4. Tag nach der Befruchtung aus der Morula bildet. Unterschieden wird die äußere Zellschicht (Trophoblast) und die innere Zellmasse (Embryoblast). In diesem Stadium nistet sich der Embryo in die Gebärmutter ein (vgl. Campbell 2000, 1040; Springer Lexikon Medizin 2004, 274).

BRCA1/BRCA2: Brustkrebsgene (vgl. Buselmaier/Tariverdian 1999, 172-73).

Chimäre: Lebewesen, das aus genetisch verschiedenen Zelllinien besteht, welche von zwei unterschiedlichen Zygoten abstammen (vgl. Strachan/Read 1996, 60).

Chorion: Zottenhaut; mittlere Eihaut (Teil der embryonalen Hülle); entwickelt sich aus dem Trophoblasten (vgl. Campbell 2000, 1064-65; Springer Lexikon Medizin 2004, 380).

Chorionzottenbiopsie: Ein vorgeburtliches Diagnostikverfahren zur Gewinnung plazentaler Zellen, das etwa in der 10. Schwangerschaftswoche durchgeführt wird (vgl. Murken/Cleve 1996, 170-77; Campbell 2000, 1046).

Chromosomen: Lange, fadenförmige Struktureinheiten des Zellkerns, die während der Mitose sichtbar werden; Träger der genetischen Information. Der Mensch hat 46 Chromosomen, 2 Geschlechtschromosomen und 44 Autosomen (vgl. Campbell 2000, 1329; Springer Lexikon Medizin 2004, 383).

Chromosomenaberration: Chromosomenstörung; es kann zwischen numerischen Chromosomenaberrationen (Abweichung von der normalen Chromomsomenzahl) und strukturellen Chromosomenaberrationen (Abweichung von der Struktur der Chromosomen) unterschieden werden (vgl. Strachan/Read 1996, 57-61; Springer Lexikon Medizin 2004, 384).

Chromosomenanomalien: siehe *Chromosomenaberrationen*.

Deletion: Verlust eines Chromsomenabschnitts; strukturelle Chromosomenaberration (vgl. Campbell 2000, 1330; Buselmaier/Tariverdian 1999, 64).

Diploide Zelle: Die Zellen enthalten einen doppelten Chromosomensatz aus mütterlichem und väterlichen Erbmaterial (vgl. Campbell 2000, 1330).

Desoxyribonukleinsäure (DNS, engl. DNA): Träger der Erbinformation (vgl. Weber 2001, 496).

Dominanz: Überwiegen eines Merkmals gegenüber ein anderes Merkmal; ein dominantes Merkmal kommt in einem heterozygoten Organismus vollständig zur Ausprägung (vgl. Campbell 2000, 1330; Springer Lexikon Medizin 2004, 514).

Embryo: Bezeichnung eines frühen menschlichen Lebewesens bis zum Ende des dritten Schwangerschaftsmonats (vgl. Springer Lexikon Medizin 2004, 584).

Embryoblast: Innere Zellen der Blastozyste, aus welchen sich der Embryo entwickelt (vgl. Campbell 2000, 1040).

Embryotransfer: Übertragung von Embryonen in die Gebärmutter (vgl. Steck 2001, 131-33).

Eugenik: Vorsätzliche Beeinflussung des Genpools der menschlichen Bevölkerung (vgl. Campbell 2000, 420). Es kann zwischen positiver und negativer Eugenik unterschieden werden (vgl. Schramme 2002, 77):
→ *Positive Eugenik:* Auswahl erwünschter Eigenschaften bzw. Versuch einer Verbesserung der genetischen Ausstattung des Menschen hinsichtlich erwünschter spezieller Eigenschaften.
→ *Negative Eugenik:* Verhinderung oder Eliminierung bestimmter Krankheiten.

Extrakorporal: Außerhalb des Körpers (vgl. Springer Lexikon Medizin 2004, 659).

Fetus: Bezeichnung für den ungeborenen Menschen vom 4. Schwangerschaftsmonat bis zur Geburt (vgl. ebd., 686).

Fertilisation: Befruchtung (vgl. ebd., 682).

Fluoreszenz-in-situ-Hybridisierung (FISH): Technik zur Diagnose von Chromosomenaberrationen; in einem ersten Schritt wird die zu untersuchende DNA auf einem Objektträger fixiert und anschließend radioaktiv markierte DNA-Sonden hinzugegeben. Eine Hybridisierung (Verbindung von Sonde und DNA) kann dann mit Hilfe eines Fluoreszenzmikroskops nachgewiesen werden. Liegt beispielsweise eine Trisomie 21 vor, lassen sich unter dem Mikroskop drei Chromosomen 21 erkennen (vgl. Murken/Cleve 1997, 43; Kollek 2002, 46).

Follikel: Eizelle, die von Follikelzellen umgeben ist (vgl. Campbell 2000, 1031).

Gameten: reife Keimzellen, die nur einen einfachen Chromosomensatz aufweisen; haploide Ei- oder Samenzelle (vgl. ebd., 1333).

Gen: Bezeichnung für einen DNA-Abschnitt, der die Information zur Herstellung eines bestimmten Proteins enthält; Erbanlage (vgl. Weber 2001, 497; vgl. Springer Lexikon Medizin 2004, 759).

Genom: Gesamtheit der Gene eines Organismus (vgl. Weber 2001, 497).

Genotyp: Gesamtheit aller Erbanlagen eines Organismus (vgl. ebd.).

Genpool: Gesamtheit aller Gene einer Population (vgl. Campbell 2000, 1333).

Gonosomen: Geschlechtschromosomen (vgl. Weber 2001, 497).

Haploide Zelle: Bezeichnung für eine Zelle, die einen einfachen Chromosomensatz aufweist (vgl. ebd.).

Heterozygot: Mischerbig; die beiden Allele eines Gens in einer Zelle sind verschieden (vgl. ebd.).

HLA (Human Leucocyte Antigen): Bezeichnung für menschliche Haupthistokompatibilitätskomplexe. Bei diesem handelt es sich um eine Gengruppe, die sich beim Menschen auf Chromosom 6 befinden. Sie codieren für eine Reihe von Proteinen, die als MHC-Moleküle bezeichnet werden und sind für die Antigenpräsentation zuständig (vgl. Janeway et al. 2002, 743).

Homozygot: reinerbig; die beiden Allele eines Gens sind identisch (vgl. Weber 2001, 498).

Hybridisierung: Reassoziierung eines DNA-Strangs mit einem dazu komplementären, extra hergestellten DNA- bzw. RNA-Stück, das markiert sein kann (vgl. Löffler 2003, 349).

Implantation (Nidation, Einnistung): Einnistung des frühen Embryos in die Gebärmutterschleimhaut (vgl. Springer Lexikon Medizin 2004, 1021).

Insertion: Strukturelle Chromosomenaberration; Hinzufügung eines Chromosomensegments in ein Chromosom (vgl. Buselmaier/Tariverdian 1999, 422).

Intrazytoplasmatische Spermieninjektion (ICSI): Methode der künstlichen Befruchtung, bei welcher ein einzelnes Spermium in das Zytoplasma einer Eizelle injiziert wird. Dies ist die Therapie der Wahl bei schwerer männlicher Infertilität und im Rahmen der PID zur Vermeidung von Kontaminationen (vgl. Steck 2001, 170-82).

In utero: In der Gebärmutter (vgl. Springer Lexikon Medizin 2004, 1058).

Inversion: Strukturelle Chromosomenaberration; Umkehrung von Chromosomenstücken (vgl. ebd., 384).

In vitro: Im Reagenzglas; außerhalb des Organismus (vgl. ebd., 1060).

In-vitro-Fertilisation (IVF): künstliche Befruchtung; Befruchtung einer Eizelle mit einer Samenzelle außerhalb des Körpers und anschließendem Embryotransfer in die Gebärmutter (vgl. ebd.).

In vivo: Im Körper (vgl. ebd.).

Karyotyp: Gesamtheit der Chromosomen einer Zelle (vgl. Weber 2001, 498).

Keimbahntherapie: Die Gentherapie wirkt sich auf die Keimbahn aus; die Korrektur eines Gendefekts in den Keimzellen wird somit auch an nachfolgende Generationen vererbt (vgl. Weber 2001, 205).

Kryokonservierung: Kältekonservierung; Haltbarmachung von biologischem Material (Samenzellen, Eizellen, Embryonen) durch Tieffrieren mittels flüssigen Stickstoff bei -196°C (vgl. Steck 2001, 253; Springer Lexikon Medizin 2004, 1193).

Monogene Erbkrankheiten: Erbkrankheiten, die auf der Veränderung nur eines Gens beruhen (vgl. Springer Lexikon Medizin 2004, 1386).

Morula: Zellkugel; frühes Embryonalstadium, das etwa drei bis vier Tage nach der Befruchtung erreicht wird (vgl. Campbell 2000, 1040).

Mosaik: Lebewesen, das aus zwei oder mehreren genetisch unterschiedlichen Zelllinien besteht, die von einer einzigen Zygote stammen (vgl. Strachan/Read 1996, 719).

Multifaktorielle Merkmale: Merkmale, die durch das Zusammenwirken einer oder mehrerer Gene und durch die Umwelt bestimmt sind (vgl. Buselmaier/Tariverdian 1999, 237).

Mutation: Veränderung der Erbinformation; es wird zwischen Gen-, Chromosomen- und Genommutationen unterschieden (vgl. Murken/Cleve 1996, 18; Springer Lexikon Medizin 2004, 1422).

Nidation: s. *Implantation.*

Nondisjunction: Nichtauseinandertreten einzelner Chromosomen während der Keimzellreifung; findet diese während der Meiose statt, kommt es zur Bildung aneuploider Gameten; das Ergebnis nach der Befruchtung sind dann aneuploide Zygoten. Numerische Chromosomenaberrationen entstehen oft durch Nondisjunctionsprozesse (vgl. Murken/Cleve 1996, 59).

Omnipotent: siehe *totipotent.*

Oogonien: Ureizellen (vgl. Springer Lexikon Medizin 2004, 1571).

Oozyte: Eizelle (vgl. ebd., 1572).

Ovar: Eierstock (vgl. ebd., 1604).

Ovarielles Hyperstimulationssyndrom (OHSS): Kann Im Rahmen eines IVF-Zyklus bei der Hormonbehandlung auftreten; vergrößerte Ovarien, Erbrechen, Blutungen und Thromobosen sind die Leitsymptome des OHSS. In wenigen Fällen kann das Syndrom sogar lebensbedrohlich sein (vgl. Steck 2001, 69-71).

Ovulation: Eisprung, der bei einer geschlechtsreifen Frau etwa am 14.Tag des Zyklus erfolgt; dabei wird die reife Eizelle aus dem Follikel ausgestoßen und vom Eierstock in Richtung Gebärmutter transportiert (vgl. Campbell 2000, 1031; Springer Lexikon Medizin 2004, 1605).

Per se: an sich, für sich, selbst. (vgl. http://de.wiktionary.org/wiki/per_se (Zugriffsdatum 07.08.2008)).

Phänotyp: Äußeres Erscheinungsbild eines Lebewesens; Gesamtheit der erkennbaren Merkmale eines Organismus (vgl Campbell 2000, 1343).

Pluripotent: über mehrere Entwicklungsmöglichkeiten verfügend; pluripotente Zellen können sich in verschiedene Zelltypen differenzieren, jedoch (im Gegensatz zu totipotenten Zellen) nicht mehr zu einem ganzen Individuum entwickeln (vgl. Beier 2002, 357; Springer Lexikon Medizin 2004, 1719).

Polkörperchen: Bei der Reifeteilung der Eizellen entstehende inaktive Zellen. Im Gegensatz zur männlichen Gametogenese, bei welcher vier reife männliche Keimzellen entstehen, entwickelt sich bei der weiblichen Gametogenese nur eines der vier Meioseprodukte zu einer Eizelle, während die drei übrigen haploiden Kerne als Polkörper degenerieren (vgl. Hennig 1995, 157; Campbell 2000, 1036).

Polkörperchenanalyse: Auch präkonzeptionelle Diagnostik genannt; bei dieser Methode wird der erste oder zweite Polkörper der Eizelle zur Diagnose von monogenetischen Erbkrankheiten oder Chromosomenaberrationen herangezogen. Es können jedoch nur Untersuchungen zu Veränderungen des maternalen Erbguts durchgeführt werden (vgl. Harper et al. 2001, 141; Kollek 2002, 31-34).

Polygenie: mehrere Gene sind an der Ausbildung des Phänotyps beteiligt (vgl. Springer Lexikom Medizin 2004, 1730).

Polymerase-Kettenreaktion (PCR): Molekulargenetisches Verfahren zur Vermehrung eines bestimmten DNA-Abschnitts. Im Rahmen der PID angewendete Technik zum Nachweis von monogenen Erbkrankheiten (vgl. Löffler 2003, 370-72).

Polyploidie: Eine Form der Genommutation, bei welcher ganze Chromosomensätze vermehrt wurden (z.B. Triploidien: 69 Chromosomen) (vgl. Buselmaier/Tariverdian 1999, 56).

Präimplantationsdiagnostik (PID): Vorgeburtliches Diagnostikverfahren, bei welchem extrakorporal erzeugte Embryonen schon vor der Übertragung in den Mutterleib auf genetische Veränderungen hin untersucht werden können; bei dieser Technik werden extrakorporal erzeugten Embryonen ein bis zwei Zellen entnommen und anschließend molekulargenetisch untersucht. Im Falle einer genetischen Belastung werden diese von einem Transfer in den Mutterleib ausgeschlossen.

Pränatale Diagnostik (PND): Vorgeburtliches Diagnostikverfahren zur Untersuchung des Embryos bzw. Fetus auf genetische Veränderungen oder Fehlbildungen. Unterschieden werden kann zwischen nicht-invasiven Untersuchungen, die den Uterus, Eihäute und Embryo nicht tangieren und invasiven Untersuchungen, bei welchen fetale Zellen, fetales Serum oder Fruchtwasser gewonnen wird. Diese gehen mit Risiken für eine Fehlgeburt einher (vgl. Murken/Cleve 1997, 170-72).

Primitivstreifen: Am Ende der zweiten Entwicklungswoche des Embryos beginnen die Ektoblastzellen in der Medianebene zu proliferieren, den Zellverband zu verlassen und zwischen Ekto- und Endoblast eine neue Schicht zu bilden, das Mesoderm. Mit der Bildung des Primitivstreifens geht die Fähigkeit der Zwillingsbildung verloren; legt die anteroposteriore Axe und Bilateralsymmetrie des Embryos fest (vgl. Drews 1993, 62; Rager 1998, 79-80, 388).

Rezessiv: Ein Gen ist rezessiv, wenn es nur im homozygoten, nicht aber im heterozygoten Zustand phänotypisch in Erscheinung tritt (vgl. Murken/Cleve 1996, 102).

Spermium: Samenzelle; männliche Keimzelle (vgl. Springer Lexikon Medizin 2004, 2000).

Totipotent: Totipotente Zellen haben die Fähigkeit, sich zu einem vollständigen, ausgereiften Oragnismus zu entwickeln (vgl. ebd., 1139).

Transabdominal: Durch die Bauchwand (vgl. ebd., 2142).

Translokationen: Strukturelle Chromosomenveränderung; Verlagerung eines Chromsomensegments innerhalb eines Chromosoms oder auf ein anderes Chromosom (vgl. Buselmaier/Tariverdian 1999, 59).

Transvaginal: Durch die Scheide (vgl. Springer Lexikon Medizin 2004, 2147).

Transzervikal: Durch den Gebärmutterhals (vgl. ebd.).

Trophoblast: Äußere Zellschicht der Blastozyste, aus denen im Laufe der Entwicklung die Plazenta entsteht (vgl. Campbell 2000, 1349; Springer Lexikon Medizin 2004, 2163).

Uterus: Gebärmutter (vgl. Springer Lexikon Medizin 2004, 2228).

Zona pellucida: Eihülle; schützende Hülle der Eizelle (vgl. Rager 1998, 67).

Zygote: Die befruchtete Eizelle; Zelle, die durch Verschmelzung von Ei- und Samenzelle entsteht (vgl. Weber 2001, 503).

Glossar der für die PID bedeutsamen Krankheiten (Auswahl)

Monogen bedingte Erbkrankheiten (vgl. Harper et al. 2001, 171)	Chromosomal bedingte Krankheiten (vgl. Harper et al. 2001, 5, 23, 203-19)
Charcot-Marie-Tooth-Hoffmann-Krankheit Typ 1A: Autosomal-dominat vererbte, neurogenetische Erkrankung, die durch die Duplikation eines Chromosomensegments verursacht wird. Charakteristisch ist eine fortschreitende Atrophie der distalen Muskeln (vgl. Buselmaier/Tariverdin 1999, 160-61; Springer Lexikon Medizin 2004, 344).	**Angelman-Syndrom:** Diese Erkrankung geht mit einer schweren geistigen Retardierung, Minderwuchs, Lachanfällen, unkontrollierten Bewegungen und Krampfanfällen einher. Ursache ist in den meisten Fällen eine Deletion auf dem mütterlichen Chromosom 15, selten auch eine väterliche uniparentale Disomie des Chromosoms 15 (d.h.: beide homologe Chromosomen Nr. 15 werden vom Vater vererbt) (vgl. Murken/Cleve 1996, 80-81; Buselmaier/Tariverdian 1999, 231-32).
Chorea Huntington: Autosomal-dominat vererbte, neurodegenerative Erkrankung, die meist im 4. Lebensjahrzent ausbricht (spät-manifeste Erkrankung). Charakteristisch sind die unwillkürlichen Bewegungen, psychische Störungen und Demenz. Für die Nachkommen der Genträger besteht ein Risiko von 50 % zu erkranken (vgl. Buselmaier/Tariverdian 1999, 186-87; Springer Lexikon Medizin 2004, 378).	**Down-Syndrom (Trisomie 21):** Häufigste genetische Ursache geistiger Retardierung; Charakteristisch sind neben der geistigen Behinderung folgende Symptome: abgeflachter Hinterkopf, kleiner und runder Schädel, kurzer Hals, rundes Gesicht, schräg nach außen oben verlaufende Lidachsen, weiter Augenabstand, kleiner Mund, kurze Nase, plumpe Hände, kleine runde Ohren und die große, stark gefurchte Zunge. Etwa 50 % der Neugeborenen weisen einen Herzfehler auf. Ursache dieses Syndroms ist in 95 % der Fälle eine freie Trisomie 21, wobei das überzählige Chromosom Nr. 21 meist von der Mutter stammt (meistens ist das Alter der Frauen mit einem solchen Kind erhöht). Etwa 5 % der Betroffenen weisen eine Translokationstrisomie auf. (vgl. Murken/Cleve 1996, 66-67; Buselmaier/Tariverdian 1999, 131-36).

Duchenne-Muskeldystrophie:

X-chromosomal-rezessiv vererbte Erkrankung, die mit einer fortschreitende Degeneration der Muskulatur einhergeht. Charakteristisch ist die Vergrößerung der Wadenmuskulatur. Die Krankheit beginnt im frühen Kindesalter; meist werden die Patienten nicht älter als 20 Jahre (vgl. Buselmaier/Tariverdian 1999, 204-5).

Familiäre adenomatöse Polyposis (FAP):

Autosomal-dominant vererbte Erkrankung des Dickdarms mit zahlreichen adenomatösen Polypen, die bereits im Kindes- oder frühen Erwachsenenalter auftreten. Im Verlauf der Erkrankung entarten die Polypen maligne, häufig treten auch noch weitere Tumoren in anderen Körperregionen auf. Die Krankheit kann mittels DNA-Analyse präsymptomatisch diagnostiziert und durch prophylaktische Entfernung des Kolons die maligne Entartung verhindert werden (vgl. ebd., 174-75).

Fragiles X-Syndrom (Martin-Bell-Syndrom):

Diese Erkrankung betrifft insbesondere das männliche Geschlecht, wobei die klinischen Merkmale mentale Retardierung, Testis-Vergrößerung und Gesichtsfehlbildungen sind. Das Syndrom stellt eine der häufigsten Ursachen geistiger Behinderung bei Knaben bzw. Männern dar. Das X-Chromosom dieser Patienten weist eine fragile Stelle auf. Ursache dieser Erkrankung ist eine expandierende Trinukleotidsequenz; sie wird x-chromosomal vererbt (vgl. Murken/Cleve 1996, 111; Buselmaier/Tariverdian 1999, 206-12).

Edwards-Syndrom (Trisomie 18):

Dieses Syndrom geht mit Schädel- und Knochenfehlbildungen, Skoliose und körperlicher und geistiger Unterentwicklung einher, wobei die meisten Patienten im 1. Lebensjahr versterben. Ursache ist in etwa 80 % der Fälle eine freie Trisomie 18, Translokationstrisomien und Mosaike treten bei 20 % der Patienten auf (vgl. Murken/Cleve 1996, 67; Springer Lexikon Medizin 2004, 2160-61).

Katzenschrei-Syndrom (Partielle Trisomie 5p):

Charakteristisch für diese Erkrankung ist der hohe Schrei des Kindes, der an das Miauen junger Katzen erinnert (deswegen der Name). Weitere Symptome sind körperliche und geistige Entwicklungsstörungen. Viele Patienten erreichen das Erwachsenenalter. Ursache dieser Krankheit ist in 88 % der Fälle eine Deletion des kurzen Armes von Chromosom 5. Etwa 12 % der Patienten weisen eine elterliche balancierte reziproke Translokation auf (vgl. Murken/Cleve 1996, 77; Buselmaier/Tariverdian 1999, 150).

Klinefelter-Syndrom (Karyotyp 47, XXY):

Die Patienten sind immer männlich und weisen kleine Geschlechtsorgane auf. Aufgrund der abnormalen Spermienbildung sind die Betroffenen steril. Oft weisen die Betroffenen leichte geistige Behinderungen auf. Die meisten Patienten haben den Karyotyp 47, XXY, wobei das überzählige X-Chromosom in 2/3 der Fälle von der Mutter stammt (vgl. Hennig 1995, 177; Körner/Witkowski 1997, 181-82; Buselmaier/Tariverdian 1999, 128-29).

Lesch-Nyhan-Syndrom:

X-chromosomal-rezessiv vererbte Störung des Harnstoffwechsels. Die Erkrankung manifestiert sich im Alter von 6-10 Monaten und geht mit Bewegungsstörungen einher, woraus sich eine Spastizität entwickelt; die geistige Entwicklung ist retardiert; gegen Ende des ersten Lebensjahres treten autoaggressive Verhaltensstörungen auf; Patienten beißen sich in Finger und Lippen, was zur Selbstverstümmelung führt (vgl. Buselmaier/Tariverdian 1999, 289-90).

Marfan-Syndrom:

Autosomal-dominant vererbte Bindegewebserkrankung, die sich auf Augen, Skelett und kardiovaskuläres System auswirkt. Der Defekt beruht auf einer Störung der Kollagensynthese. Charakteristisch sind lange und schmale Extremitäten, Spinnenfingrigkeit, überstreckbare Gelenke, Augen-Symptome und Defekte des kardiovaskulären Systems (vgl. ebd., 187-89).

Myotone Dystrophie:

Autosomal dominante, spätmanifeste Multisystemerkrankung, die mit Muskelschwäche, Mytonie, Herzrhytmusstörungen und endokrinologischen Störungen wie Diabetes mellitus einhergeht. Krankheitsursache ist eine Vermehrung der CTG-Trinukleotid-Repeats auf Chromosom 19, wobei der Schweregrad der Erkrankung mit der Anzahl der Kopien korreliert (vgl. ebd., 235-36).

Pätau-Syndrom (Trisomie 13):

Charakteristisch für diese Erkrankung sind Lippen-Kiefer-Gaumen-Spalten, Krampfanfälle, Herzfehler, Sechsfingrigkeit sowie eine psychomotorische Retardierung. Die durchschnittliche Lebendauer beträgt etwa vier Monate. Etwa 80 % der Patienten weisen eine freie Trisomie 13 auf, 20 % Mosaike oder Translokationstrisomien (vgl. Murken/Cleve 1996, 67-68).

Prader-Willi-Syndrom:

Bei diesem Syndrom handelt es sich um eine Multi-systemerkrankung; charakteristisch ist die ausgeprägte Muskelhypotonie und Gedeihstörung im Säuglingsalter. Weiter Symptome sind Adipositas, Hyperphagie und Minderwuchs. Ursache ist meist eine Deletion des väterlichen Chromosoms 15 (vgl. ebd., 1996, 79; Buselmaier/Tariverdian 1999, 231).

Triple-X-Syndrom:

Dieses Syndrom stellt die häufigste Chromosomenanomalie des weiblichen Geschlechts dar. Die Patientinnen sind meist klinisch unauffällig; teilweise werden Zyklusstörungen beobachtet; 25 % der Betroffenen sind infertil. Ursache dieses Syndroms ist meist eine Trisomie mit drei X-Chromosomen, wobei das überzählige X-Chromosom meist von der Mutter stammt (vgl. Murken/Cleve 1996, 63; Buselmaier/Tariverdian 1999, 127-28; Springer Lexikon Medizin 2004, 2159).

Retinitis pigmentosa:

Erkrankung, die mit einer Degeneration der Netzhaut einhergeht; häufigste Ursache einer Sehbehinderung; die Vererbung kann autosomal-dominant, autosomal-rezessiv, x-chromosomal-dominant und x-chromosomal-rezessiv erfolgen (vgl. ebd., 220; Springer Lexikon Medizin 2004, 1846-47).

Sichelzellenanämie:

Autosomal-rezessiv vererbte Hämoglobinpathie; rote Blutkörperchen nehmen sichelförmige Gestalt an (Sichelzellen) und erhöhen die Viskosität des Blutes, was zu einer Verstopfung der Kapillaren führt. Diese geht mit dem Versagen zahlreicher Organe einher. Der Abbau der Sichelzellen ist bescheunigt, wodurch es zur hämolytischen Anämie kommt. Nur homozygote Träger bilden das volle Krankheitsbild aus, Heterozygoten weisen keine Symptome auf; sie sind sogar resistent gegen Malaria (vgl. Buselmaier/Tariverdian 1999, 83-83; Weber 2001, 158-59).

Spinale Muskelatrophie:

Autosomal-rezessive Erbkrankheit, die aufgrund der Degeneration der motorischen Vorderhornzellen zur Muskelschwäche und Verminderung der Muskelmasse führt (vgl. Murken/Cleve 1996, 158-59; Buselmaier/Tariverdian 1999, 193-94; Springer Lexikon Medizin 2004, 1417-18).

Triplodie (Polyploidie):

Bei etwa 15 % aller Spontanaborte liegt eine Triploidie vor, also ein dreifacher Chromosomensatz (= 69 Chromosomen). Lebendgeburten triploider Kinder sind selten; Polyplodien führen meist zu Fehlgeburten. In etwa 90 % der Fälle stammt der überzählige Chromosomensatz vom Vater, in 70 % dieser Fälle fand eine Befruchtung durch zwei Samenzellen statt, in etwa 30 % durch ein diploides Spermium (vgl. Murken/Cleve 1996, 68-69; Springer Lexikon Medizin 2004, 2159).

Ulrich-Turner-Syndrom (Karyotyp 45, X):

Diese Erkrankung geht mit Minderwuchs, Stranggonaden, verkleinerten Geschlechtsorganen, Herz- und Aortenfehler, Nierenanomalien sowie einer fehlenden Pubertät einher. Die Lebenserwartung der Patienten ist meist nicht eingeschränkt, die geistige Entwicklung verläuft normal. Bei ca. der Hälfte aller Frauen bzw. Mädchen, die an diesem Syndrom leiden, liegt ein reiner 45, X-Karyotyp vor, bei etwa 45 % finden sich Mosaike. Die Häufigkeit der Spontanaborte liegt bei etwa 20 % (vgl. Murken/Cleve 1996, 60-63).

Wolf-Syndrom (Partielle Monosomie 4p):

Mädchen sind häufiger betroffen; charakteristisch sind Dysmorphien und Organfehlbildungen. Es besteht stets eine schwere körperliche und geistige Retardierung. Tod oft im Kleinkindesalter. Ursache: Deletion des kurzen Arms von Chromsom 4 (zu 80% neu entstanden/zu 20% familiäre Translokation) (vgl. ebd., 78).

Tay-Sachs-Syndrom:	XYY-Syndrom:
Autosomal-rezessive vererbte Fettspeicherkrankheit, die mit geistiger Retardierung, Blindheit, Krampfanfällen und Spastik einhergeht. Ursache ist ein Defekt der G_{M2}-Gangliosidose, ein Enzym, das auf Chromosom 15 codiert ist. Es kommt daraufhin zu einer Ansammlung des Gangliosids G_{M2} im Zentralnervensystem. Die Patienten erkranken meist wenige Monate nach der Geburt und sterben vor dem fünften Lebensjahr (vgl. Hennig 1995, 166; Murken/Cleve 1996, 147-48; Buselmaier/Tariverdian 1999, 196; Springer Lexikon Medizin 2004, 2101).	Bei Knaben vorkommendes Syndrom, das mit überdurchschnittlicher Körpergröße, Verhaltensauffälligkeiten und verminderter Intelligenz einhergehen kann; Betroffene sind fertil; Ursache für dieses Syndrom ist ein zusätzliches Y-Syndrom (vgl. Buselmaier/Tariverdian 1999, 130; Springer Lexikon Medizin 2004, 2322).
Thalassämie:	
Autosomal-dominante vererbte Störung der Hämoglobinsynthese, die mit einer hämolytischen Anämie einhergeht. Es können Thalassämien mit Mutationen im α- oder β- Hämoglobingen unterschieden werden. Im Mittelmeerraum kommt diese Erkrankung besonders häufig vor. Wie bei der Sichelzellenanämie auch, haben Heterozygote einen Selektionsvorteil bei Malaria (vgl. Buselmaier/Tariverdian 1999, 84-85; Springer Lexikon Medizin 2004, 2110).	
Zystische Fibrose (Mukoviszidose):	
Häufigste autosomal-rezessive Erbkrankheit der weißen Bevölkerung, bei der die Sekrete der exokrinen Drüsen eine zu hohe Viskosität aufweisen. Dies führt zur fortschreitenden Fibrose von Bauchspeicheldrüse und Lungen. Aufgrund der Elektrolytstörung kommt es zu vielfältigen Wirkungen auf verschiedene Organe (z.B.: Infertilität, Leberzirrhose, Atemwegserkrankungen, Darmprobleme). Ursache ist eine Mutation im CF-Gen auf Chromosom 7, das für einen Chloridkanal codiert. Die durchschnittliche Lebenserwartung ist aufgrund verbesserter Therapiemöglichkeiten auf 25 Jahre angestiegen (vgl. Murken/Cleve 1996, 105-6; Buselmaier/Tariverdian 1999, 191-93).	

Literaturverzeichnis

Abramov, Y., Elchalal, U., Schenker, J. G. (1999). Severe OHSS. An 'epidemic' of severe OHSS: a price we have to pay? Human Reproduction, 14(9): 2181-2183.

Anthony, S., Buitendijk, S. E., Dorrepaal, C. A., Lindner, K., Braat, D. D. M., den Ouden, A. L. (2002). Congenital malformations in 4224 children conceived after IVF. Human Reproduction, 17(8): 2089-2095.

Bastijn, S. (1999). Genetische Präimplantationsdiagnostik (PGD) in europäischer Perspektive. In: Ethik in der Medizin (Bd. 11/Suppl.1). Berlin: Springer Verlag, S. 70-76.

Beier, H. M. (1999). Definition und Grenze der Totipotenz: Aspekte für die Präimplantationsdiagnostik. In: Ethik in der Medizin (Bd. 11/Suppl.1). Berlin: Springer Verlag, S. 23-37.

Beier, H. M. (2002). Der Beginn der menschlichen Entwicklung aus dem Blickwinkel der Embryologie. Zeitschrift für ärztliche Fortbildung und Qualität im Gesundheitswesen (ZaeFQ), 96: 351-361.

Bernard, A., Fuller, B. J. (1996). Cryopreservation of human oocytes: a review of current problems and perspectives. Human Reproduction Update, 2(3): 193-207.

Bioethik-Kommission des Landes Rheinland-Pfalz (1999). Präimplantationsdiagnostik. Thesen zu den medizinischen, rechtlichen und ethische Problemstellungen. In: P. Caesar (Hrsg.), Justizminister des Landes Rheinland-Pfalz. http://cms.justiz.rlp.de/justiz/binarywriterservlet?imgUid=106abd7c-3ef6-474c-956e-c7e7d5805b52&uBasVariant=e7a67a83-14e2-4e76-acco-b8da4911e859 (Zugriffsdatum 7.04.2008).

Böcher, U. P. (2004). Präimplantationsdiagnostik und Embryonenschutz. Zu den Problemen der strafrechtlichen Regelung eines neuen medizinischen Verfahrens. Göttingen: Vandenhoeck & Ruprecht.

Brähler, E., Stöbel-Richter, Y. (2004). Die Einstellung der Deutschen zur Reproduktionsmedizin und zur Präimplantationsdiagnostik. http://medpsy.uniklinikum-leipzig.de/pdf/presse_repromedizin.pdf (Zugriffsdatum: 23.09.2008).

Bundesärztekammer (2000). Diskussionsentwurf zu einer Richtlinie zur Präimplantationsdiagnostik. Deutsches Ärzteblatt, 97(9): A-525-528.

Bundesärztekammer (2006). Richtlinien zur Durchführung der assistierten Reproduktion. Deutsches Ärzteblatt, 103(20): A-1392-1403.

Bundesvereinigung Lebenshilfe für Menschen mit geistigen Behinderungen e.V. (2001). Position zur Präimplantationsdiagnostik. http://www.lebenshilfe.de/wDeutsch/aus_fachlicher_sicht/downloads/PID-lang.pdf (Zugriffsdatum 19.09.2008).

Burmester, G.-R., Pezzutto, A. (1998). Taschenatlas der Immunologie. Stuttgart: Thieme Verlag.

Buselmaier, W., Tariverdian, G. (1999). Humangenetik. Berlin; Heidelberg: Springer Verlag, 2. Auflage.

Campbell, N. A. (2000). Biologie. Heidelberg; Berlin; Oxford: Spektrum Akademischer Verlag, 2. Auflage.

Cederblad, M., Friberg, B., Ploman, F., Sjöberg, N. O., Stjernqvist, K., Zackrisson, E. (1996). Intelligence and behaviour in children born after in-vitro fertilization treatment. Human Reproduction, 11(9): 2052-2057.

Comité Consultatif National d'Ethique pour les sciences de la vie et de la sante (2002). Réflexions sur l'extension du diagnostic préimplantatoire. Nr. 72. http://www.ccne-ethique.fr/docs/fr/avis072.pdf (Zugriffsdatum 09.07.2008).

Damschen, G., Schönecker, D. (2003). Argumente und Probleme in der Embryonende-batte – ein Überblick. In: G. Damschen, D. Schönecker (Hrsg.): Der moralische Status menschlicher Embryonen. Berlin: de Gruyter, S. 1-7.

Deutsche Fanconi-Anämie-Hilfe e. V. (2005). Fanconi-Anämie. Ein Handbuch für Eltern, Patienten und ihre Ärzte. [Ohne Ort: Ohne Verlag].

Deutsches IVF Register (2007). Jahrbuch 2006. http://www.meb.uni-bonn.de/frauen/DIR_downloads/dirjahrbuch2006.pdf (Zugriffsdatum 15.07.2008).

De Wert, G. (1998). Dynamik und Ethik der genetischen Präimplantationsdiagnostik – Eine Erkundung. In: M. Düwell, D. Mieth (Hrsg.): Ethik in der Humangenetik. Die neueren Entwicklungen der genetischen Frühdiagnostik aus ethischer Perspektive. Tübingen; Basel: Francke Verlag, S. 327-357.

Diemer, T., Desjardins, C. (1999). Developmental and genetic disorders in spermato-genesis. Human Reproduction Update, 5(2): 120-140.

Düwell, M. (1998). Ethik der genetischen Frühdiagnostik – eine Problemskizze. In: M. Düwell, D. Mieth (Hrsg.), Ethik in der Humangenetik. Die neueren Entwick-lungen der genetischen Frühdiagnostik aus ethischer Perspektive. Tübingen, Basel: Francke Verlag, S. 26-48.

Düwell, M. (1999). Präimplantationsdiagnostik – eine Möglichkeit genetischer Früh-diagnostik aus ethischer Perspektive. In: Ethik in der Medizin (Bd.11/Suppl.1). Berlin: Springer Verlag, S. 4-15.

Drews, U. (1993). Taschenatlas der Embryologie. Stuttgart: Thieme Verlag.

Embryonenschutzgesetz (1991). http://www.gesetze-im-internet.de/eschg/index.html (Zugriffsdatum 07.08.2008).

Engels, E.-M. (1998). Der moralische Status von Embryonen und Feten – Forschung, Diagnose, Schwangerschaftsabbruch. In: M. Düwell, D. Mieth (Hrsg.): Ethik in der Humangenetik. Die neueren Entwicklungen der genetischen Frühdia-gnostik aus ethischer Perspektive. Tübingen; Basel: Francke Verlag, S. 271-301.

Enquete-Kommission des Deutschen Bundestages „Recht und Ethik der modernen Medi-zin" (2002). Schlussbericht. http://dip.bundestag.de/btd/14/090/1409020.pdf (Zugriffsdatum 05.02.2008).

Enskat, R. (2003). Auch menschliche Embryonen sind jederzeit Menschen. In: G. Damschen, D. Schönecker (Hrsg.): Der moralische Status menschlicher Embryonen. Berlin: de Gruyter, S. 101-127.

ESHRE (o.J.). About ESHRE. Foundation, aims and structure. http://www.eshre.com/emc.asp?pageId=191 (Zugriffsdatum 10.06.08).

ESHRE Capri Workshop Group (1998). Male infertility update. Human Reproduction, 13(7): 2025-2032.

ESHRE PGD Consortium Steering Committee (1999). ESHRE Preimplantation Genetic Diagnosis (PGD) Consortium: preliminary assessment of data from January 1997 to September 1998. Human Reproduction, 14(12): 3138-3148.

ESHRE PGD Consortium Steering Committee (2000). ESHRE Preimplantation Genetic Diagnosis (PGD) Consortium:. data collection II. Human Reproduction, 15(12): 2673-2683.

ESHRE PGD Consortium Steering Committee (2002). ESHRE Preimplantation Genetic Diagnosis (PGD) Consortium: data collection III: May 2001. Human Reproduction, 17(1): 233-246.

ESHRE PGD Consortium Steering Committee (2005). ESHRE Preimplantation Genetic Diagnosis (PGD) Consortium: data collection IV: May-December 2001. Human Reproduction, 20(1): 19-34.

ESHRE PGD Consortium Steering Committee (2007). ESHRE Preimplantation Genetic Diagnosis (PGD) Consortium: data collection VI: cycles from January to December 2003 with pregnancy follow-up to October 2004. Human Reproduction, 22(2): 323-336.

ESHRE PGD Consortium Steering Committee (2008). ESHRE Preimplantation Genetic Diagnosis (PGD) Consortium: data collection VII: cycles from January to December 2004 with pregnancy follow-up to October 2005. Human Reproduction, 23(4): 741-755.

Fabbri, R., Porcu, E., Marsella, T., Rocchetta, G., Venturoli, S., Flamigni, C. (2001). Human oocyte cryopreservation: new perspectives regarding oocyte survival. Human Reproduction, 16(3): 411-416.

Faller, A., Schünke, M. (1999). Der Körper des Menschen. Einführung in Bau und Funktion. Stuttgart: Thieme Verlag, 13. Auflage.

Findlay, I., Ray, P., Quirke, P., Rutherford, A., Lilford, R. (1995). Allelic drop-out and preferential amplification in single cells and human blastomeres: implications for preimplantation diagnosis of sex and cystic fibrosis. Human Reproduction, 10(6): 1609-1618.

Franklin, S., Roberts, C. (2006). Born and Made. Princeton; Oxford: Princeton University Press.

Gauthier, E., Paoletti, X., Clavel-Chapelon, F., E3N group (2004). Breast cancer risk associated with being treated for infertility: results from the French E3N cohort study. Human Reproduction, 19(10): 2216-2221.

Gazzaniga, M. S. (2005). Wann ist der Mensch ein Mensch? Düsseldorf: Patmos Verlag.

Gebhardt, E. (1999). Stellungnahme zur Präimplantationsdiagnostik. In: Ethik in der Medizin (Bd. 11/Suppl.1). Berlin: Springer Verlag, S. 115-118.

Gianaroli, L., Magli, M. C., Munné, S., Fiorentino, A., Montanaro, N., Ferraretti, A. P. (1997). Will preimplantation genetic diagnosis assist patients with a poor prognosis to achieve pregnancy? Human Reproduction, 12(8): 1762-1767.

Graumann, S. (1998). Präimplantationsgenetik – ein wünschenswertes und moralisch legitimes Ziel des Fortschritts in der vorgeburtlichen Medizin? In: M. Düwell, D. Mieth (Hrsg.): Ethik in der Humangenetik. Die neueren Entwicklungen der genetischen Frühdiagnostik aus ethischer Perspektive. Tübingen; Basel: Francke Verlag, S. 383-414.

Haker, H. (1999). Präimplantationsdiagnostik als Vorbereitung von Screeningprogrammen? In: Ethik in der Medizin (Bd.11/Suppl.1). Berlin: Springer Verlag, S. 104-114.

Haker, H. (2002). Ethik der genetischen Frühdiagnostik. Paderborn: Mentis Verlag.

Hardy, K., Martin, K. L., Leese, H. J., Winston, R. M. L., Handyside, A. H. (1990). Human preimplantation development in vitro is not adversely affected by biopsy at the 8-cell stage. Human Reproduction, 5(6): Abstract.

Harper, J. C., Delhanty, J. D. A., Handyside, A. H. (2001). Preimplantation Genetic Diagnosis. West Sussex: Wiley.

Hennen L., Sauter A. (2004). Präimplantationsdiagnostik: Praxis und rechtliche Regulierung in sieben ausgewählten Ländern. Sachstandsbericht. TAB-Arbeitsbericht Nr. 94. Berlin: Büro für Technikfolgenabschätzung beim Deutschen Bundestag.

Hennig, W. (1995). Genetik. Berlin; Heidelberg: Springer-Verlag.

Hepp, H. (2000). Präimplantationsdiagnostik – medizinische, ethische und rechtliche Aspekte. Deutsches Ärzteblatt, 97(18): A-1213-1221.

Heyer, M., Dederer, H.-G. (2007). Präimplantationsdiagnostik, Embryonenforschung, Klonen. Ein Vergleichender Überblick zur Rechtslage in ausgewählten Ländern. Freiburg; München: Karl Alber.

Hildt, E. (1998). Über die Möglichkeit freier Entscheidungsfindung im Umfeld vorgeburtlicher Diagnostik. In: M. Düwell, D. Mieth (Hrsg.): Ethik in der Humangenetik. Die neueren Entwicklungen der genetischen Frühdiagnostik aus ethischer Perspektive. Tübingen, Basel: Francke Verlag, S. 202-224.

Honnefelder, L. (1999). Zur ethischen Beurteilung der Präimplantationsdiagnostik. In: Ethik in der Medizin (Bd. 11/Suppl.1). Berlin: Springer Verlag, S. 119-120.

Honnefelder, L. (2003). Die Begründung des moralischen Status des menschlichen Embryos aus der Kontinuität der Entwicklung des ungeborenen zum geborenen Menschen. In: G. Damschen, D. Schönecker (Hrsg.): Der moralische Status menschlicher Embryonen. Berlin: de Gruyter, S. 61-81.

Hufen, F. (2000). Zur verfassungsrechtlichen Beurteilung der Präimplantationsdiagnostik. Thesen zur öffentlichen Anhörung der Enquete-Kommission Recht und Ethik der modernen Medizin. http://webarchiv.bundestag.de/cgi/show.php?fileToLoad=161&id=1048 (Zugriffsdatum 15.08.2008).

Human Fertilisation and Embryology Authority (2007a). Code of Practice. http://cop.hfea.gov.uk/cop/pdf/CodeOfPracticeVR_3.pdf (Zugriffsdatum 21.08.2008).

Human Fertilisation and Embryology Authority (2007b). Hybrids and Chimeras. A report on the findings of the consultation. http://www.hfea.gov.uk/docs/Hybrids_Report.pdf (Zugriffsdatum 22.08.2008).

Hüsing, B., Engels, E.-M., Frietsch, R., Gaisser, S., Menrad, K., Rubin, B., Schubert, L., Schweizer, R., Zimmer R. (2003). Menschliche Stammzellen. Studie des Zentrums für Technologiefolgen-Abschätzung. Herausgegeben vom Zentrum für Technologiefolgen-Abschätzung. http://www.ta-swiss.ch/a/biot_stam/2003_44_Stammzellen_d.pdf (Zugriffsdatum 26.08.2008).

Janeway, C. A., Travers, P., Walport, M., Shlomchik, M. (2002). Immunologie. Heidelberg; Berlin: Spektrum Akademischer Verlag, 5. Auflage.

Keller, R., Günther, H.-L., Kaiser, P. (1992). Embryonenschutzgesetz. Kommentar zum Embryonenschutzgesetz. Stuttgart; Berlin; Köln: Kohlhammer.

Kipke, R. (2005). Individualität und die Frage nach dem Status menschlicher Embryonen. In: J. Denger (Hrsg.): Individualität und Eingriff. Zur Bioethik: Wann ist der Mensch ein Mensch? Stuttgart: Freies Geistesleben, S. 38-46.

Knippers, R. (2001). Molekulare Genetik. Stuttgart: Thieme Verlag, 8. Auflage.

Kokkali, G., Vrettou, C., Traeger-Synodinos, J., Jones, G. M., Cram, D. S., Stavrou, D., Trounson, A. O., Kanavakis, E., Pantos, K. (2005). Birth of a healthy infant following trophoectoderm biopsy from blastocysts for PGD of β-thalassaemia major: Case report. Human Reproduction, 20(7): 1855-1859.

Kokkali, G., Traeger-Synodinos, J., Vrettou, C., Stavrou, D., Jones, G. M., Cram, D. S., Makrakis, E., Trounson, A. O., Kanavakis, E., Pantos, K. (2007). Blastocyst biopsy versus cleavage stage biopsy and blastocyst transfer for preimplantation genetic diagnosis of β-thalassaemia: a pilot study. Human Reproduction, 22(5): 1443-1449.

Kollek, R. (1999). Vom Schwangerschaftsabbruch zur Embryonenselektion? Expansionstendenzen reproduktionsmedizinischer und gentechnischer Leistungsangebote. In: Ethik in der Medizin (Bd.11/Suppl.1). Berlin: Springer Verlag, S. 121-124.

Kollek, R. (2002). Präimplantationsdiagnostik. Embryonenselektion, weibliche Autonomie und Recht. Tübingen; Basel: Francke Verlag, 2. Auflage.

Körner, H., Witkowski, R. (1997). Humangenetik systematisch. Bremen: Uni-Med Verlag.

Küpker, W., Diedrich, K. (2002). Die deutsche Fortpflanzungsmedizin in der Krise zwischen normativer Ethik und postmoderner Neuorientierung. In: H. Kreß, K. Racke (Hrsg.): Medizin an den Grenzen des Lebens. Lebensbeginn und Lebensende in der bioethischen Kontroverse. Münster: Lit Verlag, S. 62-79.

Laufs, A. (1999). Die deutsche Rechtslage: zur Präimplantationsdiagnostik. In: Ethik in der Medizin (Bd.11/Suppl.1). Berlin: Springer Verlag, S. 55-61.

Leist, A. (1990). Eine Frage des Lebens. Ethik der Abtreibung und künstlichen Befruchtung. Frankfurt am Main; New York: Campus Verlag.

Lenzen-Schulte, M. (2003). Krank aus der Retorte. Spektrum der Wissenschaft, 12: 36-44.

Lewis, C. M., Pinêl, T., Whittaker, J. C., Handyside, A. H. (2001). Controlling misdiagnosis errors in preimplantation genetic diagnosis: a comprehensive model encompassing extrinsic and intrinsic sources of error. Human Reproduction, 16(1): 43-50.

Lissens, W., Sermon, K. (1997). Preimplantation genetic diagnosis: current status and new developments. Human Reproduction, 12(8): 1756-1761.

Löffler, G. (2003). Basiswissen Biochemie mit Pathobiochemie. Berlin; Heidelberg: Springer-Verlag, 5. Auflage.

Lubbadeh, J. (2008). Streit um Chimären und Ersatz-Geschwister. http://www.spiegel.de/wissenschaft/mensch/0,1518,554307,00.html (Zugriffsdatum 21.08.2008).

Macas, E., Wunder, D. (2006). Assistierte Reproduktionsmedizin. Techniken im IVF-Labor. Bern: Hans Huber.

Maio, G. (2001). Die Präimplantationsdiagnostik als Streitpunkt. Welche ethischen Argumente sind tauglich und welche nicht? Deutsche Medizinische Wochenzeitschrift, 126: 889-895.

Maio, G. (2002). Welchen Respekt schulden wir dem Embryo? Deutsche Medizinische Wochenzeitschrift, 127: 160-163.

Maranto, G. (1996). Quest for Perfection. The drive to breed better human beings. New York: Scribner.

Mastenbroek, S., Twisk, M., van Echten-Arends, J., Sikkema-Raddatz, B., Korevaar, J. C., Verhoeve, H. R., Vogel, N. E. A., Arts, E. G. J. M., de Vries, J. W. A., Bossuyt, P. M., Buys, C. H. C. M., Heinemann, M. J., Repping, S., van der Veen, F. (2007). In Vitro Fertilization with Preimplantation Genetic Screening. New England Journal of Medicine, 357(1): 9-17. http://content.nejm.org/cgi/content/short/357/1/9 (Zugriffsdatum 18.06.2008).

Merkel, R. (2003). Zum normativen Status des Embryos und zum Schutz der Ethik gegen ihre biologistische Degradierung. In: G. Damschen, D. Schönecker (Hrsg.): Der moralische Status menschlicher Embryonen. Berlin: de Gruyter, S. 35-58.

Mieth, D. (1999). Präimplantationsdiagnostik im gesellschaftlichen Kontext – eine sozialethische Perspektive. In: Ethik in der Medizin (Bd.11/Suppl.1). Berlin: Springer Verlag, S. 77-86.

Mieth, D. (2001). Die Diktatur der Gene/ Bioethik zwischen Machbarkeit und Menschenwürde. Freiburg im Breisgau: Herder.

Mieth, D. (2002). Was wollen wir können? Ethik im Zeitalter der Biotechnik. Freiburg im Breisgau: Herder.

Mieth, D. (2003). Was wollen wir können? Ethik im Zeitalter der Biotechnik. In: H. Haf (Hrsg.): Ethik in den Wissenschaften. Beiträge einer Ringvorlesung der Universität Kassel. Kassel: Kassel University Press.

Mukoviszidose e.V. (2001). Stellungnahme zur möglichen Einführung einer Präimplantationsdiagnostik.
http://www.muko.info/306.0.html (Zugriffsdatum 19.09.2008).

Mullen, S. F., Agca, Y., Broermann, D. C., Jenkins, C. L., Johnson, C. A., Critser, J. K. (2004). The effect of osmotic stress on the methaphase II spindle of human oocytes, and the relevance to cryopreservation. Human Reproduction, 19(5): 1148-1154.

Munné, S., Weier, H. U. G., Grifo, J., Cohen, J. (1994). Chromosome mosaicism in human embryos. Biology of Reproduction, 51: 373-379.

Munné, S. (2006). Chromosome abnormalities and their relationship to morphology and development of human embryos. Reproductive BioMedicine Online, 12(2): 234-253.
http://www.reprogenetics.com/articles/61.pdf (vom 21.08.2008).

Murken, J., Cleve, H. (1996). Humangenetik. Stuttgart: Ferdinand Enke Verlag, 6. Auflage.

Murray, J., Cuckle, H., Taylor, G., Littlewood, J., Hewison J. (1999). Screening for cystic fibrosis. Health Technology Assessment, 3(8): 5-36.

Nationaler Ethikrat (2003). Genetische Diagnostik vor und während der Schwangerschaft. Berlin: Saladruck.

Neidert, R. (2002). Sollen genetische Analysen am frühen Embryo zugelassen werden? Präimplantationsdiagnostik in juristischer Sicht. In: H. Kreß, K. Racke (Hrsg.): Medizin an den Grenzen des Lebens. Lebensbeginn und Lebensende in der bioethischen Kontroverse. Münster: Lit Verlag, S. 33-61.

Neuer-Miebach, T. (1999). Welche Art von Prävention erkaufen wir uns mit der Zulässigkeit von Präimplantationsdiagnostik? In: Ethik in der Medizin (Bd. 11/Suppl.1). Berlin: Springer Verlag, S. 125-131.

Nicholl, D. S. T. (2002). Gentechnische Methoden. Heidelberg; Berlin: Spektrum Akademischer Verlag.

Nielsen, L. (1996). Legal consensus and divergence in Europe in the area of human embryology – room for harmonisation? In: D. Evans (Hrsg.): Conceiving the embryo: Ethics, law and practice in human embryology. Den Haag; London; Boston: Martin Nijhoff Publishers, S. 325-338.

Nygren, K. G., Andersen, A. N. (2001). Assisted reproductive technology in Europe, 1998. Results generated from European registers by ESHRE. Human Reproduction, 16(11): 2459-2471.

Oehmichen, M. (1999). Votum der Ethikkommission der Medizinischen Universität zu Lübeck zur Präimplantationsdiagnostik. In: Ethik in der Medizin (Bd.11/Suppl.1). Berlin: Springer Verlag, S. 16-22.

Okada, H., Fujioka, H., Tatsumi, N., Kanzaki, M., Okuda, Y., Fujisawa, M., Hazama, M., Matsumoto, O., Gohji, K., Arakawa, S., Kamidono, S. (1999). Klinefelter's syndrome in the male infertility clinic. Human Reproduction, 14(4): 946-952.

Parazzini, F., Pelucchi, C., Negri, E., Franceschi, S., Talamini, R., Montella, M., La Vecchia, C. (2001). Use of fertility drugs and risk of ovarian cancer. Human Reproduction, 16(7): 1372-1375.

Pennings, G. (1996). Ethics of sex selection for family balancing. Family balancing as a morally acceptable application of sex selection. Human Reproduction, 11(11): 2339-2345.

Picoult, J. (2004). My sister's keeper. London: Hodder.

Plattner, H., Hentschel, J. (2002). Zellbiologie. Stuttgart: Thieme Verlag, 2. Auflage.

Prüfer, T., Stollorz, V. (2003). Bioethik. Hamburg: Europäische Verlagsanstalt.

Rager, G. (1998). Beginn, Personalität und Würde des Menschen. Freiburg im Breisgau; München: Karl Alber, 2. Auflage.

Rehm, H., Hammar, F. (2001). Biochemie light. Frankfurt am Main: Harri Deutsch, 2. Auflage.

Robertson, J. A. (2003). Extending preimplantation genetic diagnosis: the ethical debate. Ethical issues in new uses of preimplantation genetic diagnosis. Human Reproduction, 18(3): 465-471.

Ruppel, K., Mieth, D. (1998). Ethische Probleme der Präimplantationsdiagnostik. In: M. Düwell, D. Mieth (Hrsg.): Ethik in der Humangenetik. Die neueren Entwicklungen der genetischen Frühdiagnostik aus ethischer Perspektive. Tübingen; Basel: Francke Verlag, S. 358-379.

Schmidt, H. T. (2003). Jenseits des Rubikons? Individual- und sozialethische Aspekte der PID/PGD. Münster: Lit Verlag.

Schneider, S. (2005). Selektion aufgrund genetischer Diagnostik? – Rechtliche Aspekte der Präimplantations- und Präfertilisationsdiagnostik. In: Jahrbuch für Wissenschaft und Ethik 10. Berlin: de Gruyter, S. 329-342.

Schockenhoff, E. (1993). Ethik des Lebens. Ein theologischer Grundriß. Mainz: Matthias-Grünewald-Verlag.

Schockenhoff, E. (2003). Zum moralischen und ontologischen Status des Embryos. In: G. Damschen, D. Schönecker (Hrsg.): Der moralische Status menschlicher Embryonen. Berlin: de Gruyter, S. 11-33.

Schöne-Seifert, B. (1999). Präimplantationsdiagnostik und Entscheidungsautonomie. Neuer Kontext – altes Problem. In: Ethik in der Medizin (Bd. 11/Suppl.1). Berlin: Springer Verlag, S. 87-98.

Schöne-Seifert, B. (2003). Probleme einer traditionellen Begründung für embryonalen Lebensschutz. In: G. Damschen, D. Schönecker (Hrsg.): Der moralische Status menschlicher Embryonen. Berlin: de Gruyter, S. 169-185.

Schramme, T. (2002). Bioethik. Frankfurt am Main: Campus Verlag.

Schwinger, E. (2003). Präimplantationsdiagnostik/ medizinische Indikation oder unzulässige Selektion? (Gutachten Bio- und Gentechnologie). Herausgegeben von Stabsabteilung der Friedrich-Ebert-Stiftung. Bonn: Friedrich-Ebert-Stiftung.

Sekretariat der Deutschen Bischofskonferenz (Hrsg.) (1987). Instruktion der Kongregation für die Glaubenslehre über die Achtung vor dem beginnenden menschlichen Leben und die Würde der Fortpflanzung. Antworten auf einige aktuelle Fragen. Verlautbarungen des apostolischen Stuhls 74. Bonn: [ohne Verlag].

Silber, S. J., Repping, S. (2002). Transmission of male infertility to future generations: lessons from the Y chromosome. Human Reproduction Update, 8(3): 217-229.

Simon, J. (1999). Rechtliche Aspekte der Präimplantationsdiagnostik in Europa. In: Ethik in der Medizin (Bd. 11/Suppl.1). Berlin: Springer Verlag, S. 62-69.

Singer, P. (1984). Praktische Ethik. Stuttgart: Reclam Verlag.

Snowdon, C., Green, J. M. (1997). Preimplantation diagnosis and other reproductive options: attitudes of male and female carriers of recessive disorders. Human Reproduction, 12(2): 341-350.

Soussis, I., Harper, J. C., Handyside, A. H., Winston, R. M. L. (1996). Obstetric outcome of pregnancies resulting from embryos biopsied for pre-implantation diagnosis of inherited disease. British Journal of Obstetrics and Gynaecology, 103: Abstract.

Spiegel online (2002). Baby ohne Alzheimer-Gen geboren. http://www.spiegel.de/wissenschaft/mensch/0,1518,184608,00.html (Zugriffsdatum 09.06.2008).

Spiegel online (2007). Britsche Paare wollen Embryo auf Brustkrebs-Gen testen lassen. http://www.spiegel.de/wissenschaft/mensch/0,1518,479856,00.html (Zugriffsdatum 09.06.2008).

Spiewak, M. (2005). Wie weit gehen wir für ein Kind? Im Labyrinth der Fortpflanzungsmedizin. Frankfurt am Main: Eichborn Verlag, 2. Auflage.

Springer Lexikon Medizin (2004). Berlin; Heidelberg; New York: Springer Verlag.

Staszewski, S. (2005). Medizinethik und jüdisches Recht – Einführung in Methodik und Positionsfindung. In: F. S. Oduncu, K. Platzer, W. Henn (Hrsg.): Der Zugriff auf den Embryo. Ethische, rechtliche und kulturvergleichende Aspekte der Reproduktionsmedizin. Göttingen: Vandenhoeck & Ruprecht, S. 119-125.

Steck, T. (2001). Praxis der Fortpflanzungsmedizin. Manual für Praxis, Klinik und Labor. Stuttgart: Schattauer Verlag.

StGB (2008). §§ 218, 218a, 218b, 218c, 219. http://www.gesetze-im-internet.de/stgb/ (Zugriffsdatum: 05.08.2008).

Stoecker, R. (2003). Mein Embryo und ich. In: G. Damschen, D. Schönecker (Hrsg.): Der moralische Status menschlicher Embryonen. Berlin: de Gruyter, S. 129-145.

Strachan, T., Read, A. P. (1996). Molekulare Humangenetik. Heidelberg; Berlin; Oxford: Spektrum Akademischer Verlag.

Taupitz, J. (2004). Der Status des Embryos, insbesondere die Produktion und Verwendung von Embryonen zur Forschung. In: H.-L. Schreiber, H. Rosenau, S. Ishizuka, S. Kim (Hrsg.): Recht und Ethik im Zeitalter der Gentechnik. Deutsche und japanische Beiträge zu Biorecht und Bioethik. Göttingen: Vandenhoeck & Ruprecht, S. 96-107.

Templeton, A., Morris, J. (1998). Reducing the risk of multiple births by transfer of two embryos after in vitro fertilization. New England Journal of Medicine, 339(9): 573-577.

Thomas, G. (2008). Erbbelastung als Wunsch. In: Frankfurter Allgemeine Zeitung 63, 14.März 2008, S.43.

Van den Daele, W. (2002). Zeugung auf Probe. Die Zeit 41/2002. http://www.zeit.de/2002/41/Zeugung_auf_Probe (Zugriffsdatum 05.09.2008).

Vandervorst, M., Libaers, I., Sermon, K., Staessen, C., De Vos, A., Van de Velde, H., Van Assche, E., Joris, H., Van Steirteghem, A., Devroy, P. (1998). Successful preimplantation genetic diagnosis is related to the number of available cumulus-oocyte complexes. Human Reproduction, 13(11): 3169-3176.

Verhaak, C. M., Smeenk, J. M. J., Nahuis, M. J., Kremer, J. A. M., Braat, D. D. M. (2007). Long-term psychological adjustment to IVF/ICSI treatment in women. Human Reproduction, 22(1): 305-308.

Verlinsky, Y., Ginsberg, N., Lifchez, A., Valle, J., Moise, J., Strom, C. M. (1990). Analysis of the first polar body: preconception genetic diagnosis. Human Reproduction, 5(7): Abstract.

Verlinsky, Y., Kuliev, A. (2004). Atlas of Preimplantation Genetic Diagnosis. London; New York: Taylor & Francis, 2. Auflage.

Verlinsky, Y., Tur-Kaspa, I., Cieslak, J., Bernal, A., Morris, R., Taranissi, M., Kaplan, B., Kuliev., A. (2005). Pre-implantation testing for chromosomal disorders improves reproductive outcome of poor-prognosis patients. Reproductive Bio-Medicine Online, 11(2): 219-225. www.reproductivegenetics.com/docs/pgd_for_chromosome_disorders.pdf (Zugriffsdatum 13.09.2008).

Warnock, M. (1985). A question of life. Oxford: Basil Blackwell.

Weber, U. (2001). Biologie Oberstufe. Berlin: Cornelsen Verlag.

Wiesemann, C. (2006). Von der Verantwortung ein Kind zu bekommen. Eine Ethik der Elternschaft. München: C.H. Beck.

Wissenschaftlicher Beirat der Bundesärztekammer (2002). Ergänzende Stellungnahme des Wissenschaftlichen Beirats der Bundesärztekammer zum Diskussionsentwurf zu einer Richtlinie zur Präimplantatiosdiagnostik. http://www.aerzteblatt.de/PID (Zugriffsdatum 15.08.2008).

Ziegler, U. (2004). Präimplantationsdiagnostik in England und Deutschland. Ethische, rechtliche und praktische Probleme. Frankfurt am Main: Campus Verlag.

1222046R0

Printed in Germany by
Amazon Distribution
GmbH, Leipzig